省域循环经济生态效益综合评价及发展对策研究——基于博弈论的视角

吴飞美　著

本书系国家自然科学基金面上项目“博弈视角下的我国省域循环经济生态效益综合评价及发展对策研究”（项目编号：71573114）成果

科学出版社
北京

内 容 简 介

本书从利益相关者行为与博弈视角出发，针对我国省域循环经济存在的突出问题，利用多属性评价等研究方法，构建以生态效益为主要导向的评价指标体系并实施系统评估，探究我国省域循环经济运行机制和对策体系。本书坚持理论研究与实证研究、定性分析与定量分析、普遍现象与实际个案、国外经验与本土探索相结合，把握循环经济的内在本质"生态效益"，寻求"人—经济—社会—生态"的系统平衡，促进我国经济社会的生态和谐、可持续发展。

本书可供从事循环经济研究与实践的政府部门、科研机构、工业园区、行业企业使用，也可作为经济管理类、环境科学类专业师生的课外参考书。

图书在版编目（CIP）数据

省域循环经济生态效益综合评价及发展对策研究：基于博弈论的视角 / 吴飞美著. —北京：科学出版社，2020.3

ISBN 978-7-03-062957-9

Ⅰ. ①省…　Ⅱ. ①吴…　Ⅲ. 省-循环经济-生态效应-效益评价-研究-中国　Ⅳ. ①F127

中国版本图书馆 CIP 数据核字（2019）第 242927 号

责任编辑：杭　玫 / 责任校对：王晓茜
责任印制：张　伟 / 封面设计：无极书装

科学出版社出版
北京东黄城根北街 16 号
邮政编码：100717
http://www.sciencep.com
北京虎彩文化传播有限公司印刷
科学出版社发行　各地新华书店经销
*
2020 年 3 月第　一　版　开本：720 × 1000　1/16
2020 年11月第二次印刷　印张：10 3/4
字数：220 000

定价：86.00 元
（如有印装质量问题，我社负责调换）

序

自20世纪60年代以来，循环经济蓬勃发展，理论研究与实践探索均取得了丰富成果。循环经济是集经济、技术、社会、生态为一体的系统工程，追求“最佳生产、最适消费、最少废弃”的可持续发展，与技术创新、产业集群、生态文明、园区建设等息息相关。循环经济的本质属性是“经济”，外延是“社会”“环境”与“经济”的关系，旨在实现经济发展、节约资源、环境保护、社会公平的有机统一。因此，需要立足生产和消费两大领域，遵循“5R”原则，践行“企业小循环、园区中循环、社会大循环”三类模式，稳步推动和深化循环经济实践，加快转变经济发展方式。

在资源环境问题突出、转型发展压力加大的背景下，我国兴起了循环经济研究与实践的热潮。作为国家自然科学基金面上项目“博弈视角下的我国省域循环经济生态效益综合评价及发展对策研究”（项目编号：71573114）成果，由闽江学院吴飞美教授主持完成的《省域循环经济生态效益综合评价及发展对策研究——基于博弈论的视角》，便是众多循环经济论著中颇具特色的成果之一。该书由理论基础、发展概述、模型构建、指标分析、实证研究、对策探讨、经验启示、实践探索等八大部分组成，形成了前后连贯、较为系统的研究框架。

作者立足前人研究与实践基础，突破传统的研究思维，基于博弈论的独特视角，对我国省域循环经济生态效益进行综合评价，借此提出针对性、可行性较强的我国省域循环经济发展对策。基于博弈论的新视角，以及省域、生态效益的新主题，提出了我国省域循环经济的发展层次、模式和对策等诸多新观点，这些发展思路、对策措施较具差异化、个性化。

该书内容丰富、体系完整，不仅有系统的理论综述和经验总结，还综合运用定性分析与定量分析等研究方法，对我国省域循环经济生态效益进行综合评价，从宏观、中观和微观层面，对我国省域循环经济生态效益发展机制和政策进行了设计，构建了全方位、多角度的研究框架与研究结构，可为后续研究提供理论基础和实践样本。

作者采用结构图、统计表等多种表现形式，图文并茂，直观地展现实际案例，增强了研究的操作性和说服力。该书围绕我国省域循环经济生态效益，涉及各个层面、针对不同问题、结合发展趋势得出的研究成果，不仅能够为政府部门制定政策提供理论依据，而且能够为其他参与主体的决策提供有价值的参考。

该书遵循“从实际问题中提炼科学问题—开展理论与方法研究—进行实证分析与成果应用”的科学研究路径，从“理论分析—模型构建—实证研究”等层次探讨主要内容，旨在优化我国省域循环经济发展模式并指导我国经济社会实践。基于博弈视角和利益相关者理论，采取定性分析与定量计算、理论研究与实证分析相结合的研究方法，对我国省域循环经济生态效益进行研究，既能深化相关理论又能指导具体实践。就研究内容而言，该书有以下亮点。

一是利用博弈论、行为分析等方法，将中央政府、地方政府及其监管部门、企业、公众等作为对弈者，合作、不合作、检查、不检查、治理、不治理作为战略，监管成本、处罚效用、生产投资作为支付，构建我国省域循环经济利益相关者的多方利益博弈模型。目前学术界主要聚焦如何有效评价循环经济发展水平，对循环经济发展过程中各参与主体的重视程度不够，而循环经济的本质是对人类生产关系进行调整，因此从博弈视角进行循环经济评价研究，拓展了循环经济的研究视角。通过分析各利益相关者的博弈行为与策略选择，破解循环经济发展过程中资源价格与资源综合利用价格倒挂等“不经济”现象。

二是利用多属性（或指标）评价方法、博弈论等，遵循循环经济的减量化（reduce）、再使用（reuse）、再循环（recycle）、再生性（reproduce）、替代性（replace）等“5R”原则，选取资源利用、废物处理、环境保护、技术进步、设施改善等方面指标，研究并提出利益相关者博弈行为的我国省域循环经济生态效益综合评价模型和方法。因此，探究影响我国省域循环经济生态效益的要素，构建我国省域循环经济生态效益综合评价指标体系，夯实生态效益评价的理论基础，对于我国省域循环经济评价具有重要的借鉴作用。

三是利用系统仿真方法，对实施相关对策和措施的我国省域循环经济生态效益进行系统仿真分析，研究、评估我国省域循环经济发展对策的实施体系与效果，从而进一步优化促进我国省域循环经济发展的对策体系。因此，通过系统仿真等方法，模拟我国省域循环经济发展对策的实施体系与效果，为建立可量化、可操作、可考核的循环经济生态效益综合评价制度提供决策参考。该书提出构筑“人—经济—社会—生态”四维一体的循环经济发展系统，突破原有的“经济、社会、资源与环境”的对策范畴，强调“人”这个博弈主体的重要作用，完善循环经济发展的对策研究。

总之，该书条理较为清晰，论证较为严密，内容深入浅出，案例多元丰富，是一本具有较高理论水准和应用价值的学术专著。相信该书的出版，将有助于丰富循环经济理论，助推循环经济实践。新形势下，大力发展循环经济是建设生态文明、打造美丽中国、优化产业布局、促进经济转型的必然选择。期待广大读者通过阅读该书，进一步激发发展循环经济的热情，更好地为循环经济发展、生态文明建设做出贡献。

当然，循环经济内涵丰富，影响因素繁复庞杂，科技进步日新月异，经济社会转型发展，公众需求不断提高，使循环经济相关问题研究涉及面广，因而还有跟踪研究、拓展研究的余地。希望能在今后的研究中再接再厉，围绕相关主题进行更为全面、更加深入的理论探讨和实证分析。

2019年9月

前　　言

目前人类已普遍认为，循环经济是人、自然资源、科学技术等组成的大系统，包括资源投入、企业生产、产品消费、废物处理等全过程。作为一种新型的经济形态，循环经济的发展必然受到各种因素的影响和制约。党的十八大报告提出，“把生态文明建设放在突出地位”“着力推进绿色发展、循环发展、低碳发展”[1]。2013年1月国务院印发的《循环经济发展战略及近期行动计划》指出，“发展循环经济是我国的一项重大战略决策，是落实党的十八大推进生态文明建设战略部署的重大举措，是加快转变经济发展方式，建设资源节约型、环境友好型社会，实现可持续发展的必然选择”[2]。党的十九大报告强调，“生态文明建设成效显著”“生态环境保护任重道远”“坚持人与自然和谐共生”“构筑尊崇自然、绿色发展的生态体系”“紧扣我国社会主要矛盾变化，统筹推进经济建设、政治建设、文化建设、社会建设、生态文明建设”“加快生态文明体制改革，建设美丽中国”[3]。由此可见，循环经济已经提升到国家战略高度，国家充分肯定了循环经济的地位和作用。

在我国工业化、新型城镇化进程中，节能减排、保护环境已成为我国经济社会可持续发展的必然选择，循环经济也成为国际社会广为推崇和实践的新型经济发展模式。本书针对我国省域循环经济的特殊性与存在的突出问题，从利益相关者行为与博弈视角出发，利用博弈论方法、多属性（或指标）评价方法、系统仿真方法等，构建以生态效益为主要导向的我国省域循环经济生态效益综合评价指标体系并实施系统评估，探究我国省域循环经济运行机制和对策体系。本书建立我国省域循环经济利益相关者的多方利益博弈模型和生态效益综合评价模型，突出生态效益导向的我国省域循环经济发展模式、对策和保障措施。研究成果可为消解我国经济社会发展、环境、资源、生态之间的矛盾提供一条新途径，也可为有关部门制定循环经济相关政策提供参考依据，加快促进我国经济社会的生态和谐、可持续发展。

本书是在国家自然科学基金面上项目“博弈视角下的我国省域循环经济生态效益综合评价及发展对策研究”（项目编号：71573114）的成果的基础上整理和完善形成的。全书分为九章，主体内容如下：第一章是循环经济的理论基础，包括循环经济的概念界定、相关理论；第二章是循环经济的发展概述，包括循环经济的特征要素、基本概况；第三章是我国省域循环经济利益相关者的博弈模型构建与博弈行为分析，包括我国省域循环经济的博弈主体分析、博弈模型构建、博弈情况分析；第四章是我国省域循环经济生态效益综合评价指标体系构建，包括指标体系构建原则、评价指标主要内容；第五章是基于博弈论的我国省域循环经济生态效益综合评价模型构建与实证分析，包括我国省域循环经济生态效益综合评价的模型构建、实证分析；第六章是我国省域循环经济的发展层次、模式和对策探讨，包括我国省域循环经济的发展层次、发展模式、发展对策；第七章是国外区域循环经济生态效益综合评价及发展对策的经验启示，包括国外区域循环经济的生态效益综合评价、发展模式及其对策、评价与发展经验启示；第八章是我国省域循环经济生态效益综合评价及发展对策的具体实践，包括宏观层面的社会循环经济系统、中观层面的生态产业园区、微观层面的生态企业；第九章是结语，包括研究结论、不足之处、未来展望。

在整个研究过程中，本书遵循“问题—原因—解决”的研究思路，力求通过理论研究与实证研究、定性分析与定量分析、普遍现象与实际个案、国外经验与本土探索相结合，构建起前后连贯、较为系统的研究框架和理论体系。本书对以往研究不足的弥补之处主要体现在三个方面：一是前人围绕经济、社会、资源、环境等目标开展循环经济系列研究，忽视了“人”这个行为主体的利益博弈，而本书从博弈论视角对利益相关者的利益关系与博弈行为进行分析，旨在寻求“人—经济—社会—生态”的系统平衡。二是以往研究更多强调经济、社会、资源和环境的发展效益，未能很好地把握循环经济的内在本质“生态效益”，而本书以资源利用、废物处理、环境保护、技术进步、设施改善为主要导向构建循环经济生态效益综合评价指标体系，为有关部门发展循环经济提供抓手和方向。三是前人从法律法规、政策措施等方面探讨循环经济发展对策，未能开展深入化实证研究和区域化比较分析，而本书以省域为单位分区域进行实证研究，由此提出操作性与可比性较强的我国省域循环经济发展对策和绩效评估体系。

当然，循环经济涉及领域和学科众多，且形势变化迅速，而本书是作者的初步探索。由于作者的学识有限，书中难免有不足或疏漏之处，恳请批评指正。

吴飞美
2019年9月

目　　录

第一章　循环经济的理论基础

循环经济是经济学家与生态学家围绕环境和发展问题之争的产物，是为应对生态危机与经济发展的矛盾而产生的全新理念[4]。循环经济以生态学、经济学、社会学为理论基础，是在倡导保护环境、应对经济发展与生态环境危机的情况下发展起来的一门科学。

第一节　循环经济的概念界定

循环经济由“资源—产品—再生资源”的物质反复流动过程组成，是一个包含了众多相互联系、相互制约的要素，并具有经济效益、社会效益、生态效益等特定功能的有机整体，因此循环经济是一个系统和统一体。

一、博弈论

（一）博弈论的概述

博弈论是一门深奥复杂的学问，是指决策主体（人或组织）在面对外界复杂环境时，遵循一定的规则，根据所掌控的信息，从各自的角度出发选择利益最大化的行为或策略并加以实施，最后得到相应的结果或收益的过程。博弈论最早起源于趣味游戏，游戏中的玩家为了取得游戏的胜利制定相应的策略，这也是博弈的雏形，因此博弈论也被称为对策论、游戏论。20 世纪 40 年代，由奥斯卡·莫根施特恩（Oskar Morgenstern）和冯·诺依曼（von Neumann）合著的《博弈论与经济行为》（*Theory of Games and Economic Behavior*）奠定了博弈论的理论基础，为博弈论的传播和应用提供了支持。现今人们喜欢用“博弈”代替“博弈论”，而“博弈”一般泛指需要策略互动的行为。由此得知，博弈不仅体现在游戏中，还涉及我们生活的方方面面。张维迎教授把博弈论界定为“研究决策主体的行为发生直接相互作用时候的决策及这种决策的均衡问题”，强调决策主体各方面的战略相互依赖性，即任何决策者都必须根据其他局中人可能的战略选择来确定自己的最优行动战略，本质是理性决策者基于局中人的反应选择最优的行动计划。

从图 1-1 中可以看出，完整的一场博弈应具备以下几个要素：一是局中人，即在一场博弈中拥有决策权的参与者，参与过程力求自身利益最大化，包括决策人和对抗人。二是次序，即在博弈过程中每个局中人采取策略选择行动的先后顺序。在静态博弈中博弈主体同时行动，在动态博弈中各方分别行动。三是信息，即局中人对所有参与者（含自身）的特征、行为及其所在环境的认知。四是策略，即能够指导每个局中人在各个阶段进行选择的可行性方案和约束规则，局中人可选择的策略的集合称为策略空间。对于每个局中人的策略，在建立博弈模型时可用决策树、支付矩阵等形象表示出来。如果在一个博弈中局中人拥有有限个策略，则称为“有限博弈”，否则称为“无限博弈”。五是收益，即博弈的最终结果所产生的收益。博弈结束时的各方得失是所有局中人选定策略集合的一组函数，通常称为支付（payoff）函数。六是均衡，即平衡的意思，博弈结果处于稳定状态，是所有局中人采取最优策略结果的组合，也标志着博弈的结束，通常是对数学模型进行运算寻求均衡点。

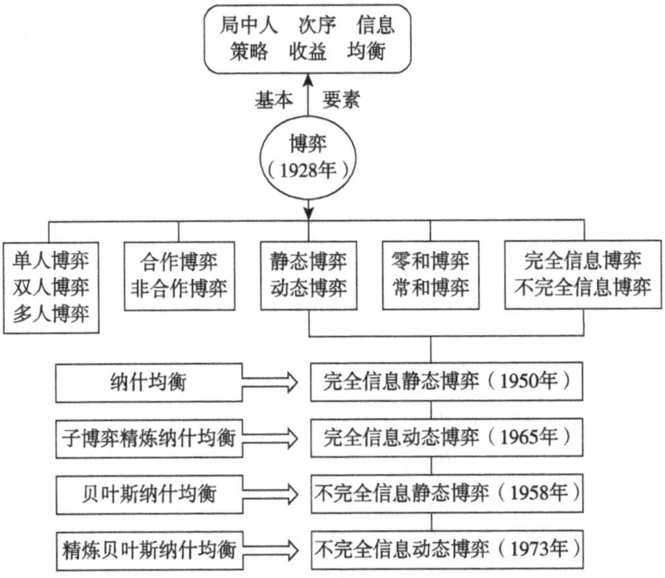

图 1-1　博弈框架结构

（二）博弈论的具体应用

随着博弈论研究的深入，博弈论在政治学、经济学、管理学、社会学等各领域得到广泛应用，为协调不同参与者之间的矛盾、冲突与合作提供了有价值的研究方法。博弈论可以用来证明现实生活中存在的诸多问题，例如，能者多劳，多劳者未必多得；公共资源使用过度时，选择与非合作伙伴合作一段时间，不一定是一件不好的事。虽然这些结果都是依据一个假设，即参与决策者都具有理性，发挥最大效能以期达到最好利益结果，但这并不妨碍博弈论成为当今学术研究的重要组成部分。

在一个博弈中，假设这个博弈中只存在 A 和 B 两个局中人，合作与不合作是 A 和 B 都具有的两种策略选择。为此，根据博弈论提出下列假设。

$a1$：A 不合作时获得的收益。

$a2$：A 合作时获得的额外收益。

C：B 不合作时，A 选择合作的损失。

D：A 不合作时，B 选择合作的损失。

$b1$：B 不合作时获得的收益。

$b2$：B 合作时获得的额外收益。

G：A 选择合作的概率。A 选择不合作的概率为（$1-G$）。

V：B 选择合作的概率。B 选择不合作的概率为（$1-V$）。

根据上述假设可以得出，假设 A 和 B 都选择不合作行为，即 A 和 B 各自采取行动，那么 A 和 B 都可以从活动中获得收入，$a1$ 为 A 不合作时获得的收益，$b1$ 为 B 不合作时获得的收益。假设 A 选择不合作行为，而 B 选择合作行为，$a1$ 为 A 不合作时获得的收益，$b1+b2-D$ 为 B 合作时获得的收益。假设 B 选择不合作行为，而 A 选择合作行为，$b1$ 为 B 的收益，$a1+a2-C$ 为 A 的收益。假设 A 和 B 协作完成一个活动，$a1+a2$ 为 A 合作时获得的收益，$b1+b2$ 为 B 合作时获得的收益。由表 1-1 可得，A 和 B 都选择合作时，将会得到最优解，即双方的总收益最大化。

表 1-1　A 和 B 的博弈模型支付矩阵

A	B	
	合作（V）	不合作（$1-V$）
合作（G）	$a1+a2$，$b1+b2$	$a1+a2-C$，$b1$
不合作（$1-G$）	$a1$，$b1+b2-D$	$a1$，$b1$

二、循环经济

（一）循环经济的概念

循环经济以实现可持续发展为目标，生态学、经济学、社会学等相关理论为循环经济研究奠定了基础。自循环经济提出以来，学术界从不同角度对“什么是循环经济”进行了厘清、界定。诸大建[5]、解振华[6]、马凯[7]从发展方式的角度出发，提出循环经济是符合可持续发展的经济模式，是对“大量生产、大量消费、大量废弃”的传统经济增长方式的根本变革，倡导“资源→产品→再生资源→再生产品”的闭路型发展方式，根本目的是实现可持续发展。Kipperberg[8]和牛文元[9]从资源利用的角度出发，认为循环经济是指在生产、流通和消费等过程中进行的减量化、再利用、资源化活动的总称，核心是资源节约和循环利用活动。Brouillat[10]、谢家平和孔令丞[11]从生态环保的角度出发，认为循环经济本质上是一种生态经济，建设生态工业园区和清洁生产企业有利于改善生态环境质量，实现经济与环境协调发展。王明寿[12]和齐建国[13]从技术范式的角度出发，认为循环经济是由一系列具有节约性、耦合性、颠覆性、系统性、清洁化和资源化特征的技术链链接而成的循环闭合体系，是生产工艺与设备及其生产过程的科学技术化过程，通过利用先进技术对物质资源进行高效、安全、循环的利用，以获得更大的经济效益、环境效益和人类健康效益，强调技术创新对推动循环经济发展的重要作用。

《中华人民共和国循环经济促进法》(简称《循环经济促进法》)提出，循环经济是指在生产、流通和消费等过程中进行的减量化、再利用、资源化活动的总称。2005 年，国家发展和改革委员会（简称国家发展改革委）副主任姜伟新在建设节约型社会国际研讨会上提出，“循环经济是以‘减量化、再利用、资源化’为原则，以资源的高效利用和循环利用为核心，以减少自然资源消耗、降低废物处置、提高资源生产率为目标，以低消耗、低排放、高效率为基本特征，实现以尽可能少的资源消耗和环境成本，获得尽可能大的经济和环境效益，使经济系统与自然生态系统相和谐”[14]。基于此，本书对循环经济的定义如下：循环经济是实现经济系统和自然生态环境系统协调共生的经济发展模式，在自然生态系统和经济社会系统的基础上，按照减量化、再利用、再循环的原则，依托先进的技术工艺、设施设备、管理手段、体制机制，对生产、流通和消费全过程进行调整优化和改造重塑，逐步建立起循环型生产方式与绿色消费模式，实现能源使用节约化、资源利用循环化、生产全程清洁化、垃圾排放无害化、废物再生高效化。

（二）循环经济的内涵

循环经济是一种符合可持续发展理念的经济发展模式，以资源的高效利用和循环利用为核心，以减量化、再利用、再循环为原则，以低消耗、低排放、高效率为特征。循环经济完全不同于以往传统经济增长模式，是对“大量生产、大量消费、大量废弃”的根本变革，倡导“资源→产品→再生资源→再生产品”的闭路型发展方式，主要任务包括节能、节水、节地、节材、清洁生产、资源综合利用等。

传统经济是一种由“资源—产品—污染排放”所构成的物质单向流动的经济模式，在这种经济模式中，人们以越来越高的强度把地球上的物质和能源开发出来，在生产、加工与消费过程中又把污染和废物大量排放到环境之中，对资源的利用常常是粗放的、一次性的，通过把资源持续不断地变成废物来实现经济的数量型增长，导致许多自然资源的短缺与枯竭，并酿成灾难性环境污染的后果。与此不同，循环经济倡导的是一种建立在物质不断循环利用基础上的经济发展模式，要求把经济活动按照自然生态系统的模式，组成一个“资源—产品—再生资源”的物质反复循环流动过程，使整个经济系统及生产和消费过程基本上不产生或者只产生很少的废弃物。因此，在循环经济模式之中只有放错了地方的资源，而没有真正的废弃物，其特征是自然资源的低投入、高利用和废弃物的低排放，从根本上消解长期以来环境与发展之间的尖锐冲突。

从经济学的角度看，循环经济的内涵所体现的核心内容是“经济性”，即资源的循环利用必须满足收益大于成本这个前提。在市场经济条件下，对资源的利用和对环境的保护要服从个体或组织的经济利益，因此，经济学视角中的循环经济强调的是在资源利用方面既要做到经济有效，又要实现循环发展，而不是仅在技术方面实现资源的循环利用。需要注意的是，经济学视角中循环经济的内涵并没有否定技术上的作用，而是要通过技术来服务于个体或组织的利益要求。例如，在产品生产过程中，通过资源节约与替代技术、资源处理和转化技术等先进技术的推广和应用来提高资源利用效率，可在实现降低产品成本的同时减轻资源和环境的压力。

从生态学的角度看，循环经济本身属于一种生态经济，其概念来源于生态系统长期进化的形成过程。生态学的生态阈值原理是循环经济范式的前提之一，在生态阈值的范围内，合理利用自然资本，从根本上提高资源生产利用率，提高企业的生产效益和环境效益[15]。循环型的生态系统取决于系统内部各个要素之间的动态稳定关系，在这些关系的相互制约下，最终实现生态系统物质流、能量流高效运行和整体效益的最大化。循环经济是一种生态论，除了强调技术进步的优先性，还将文化观念和制度管理等因素纳入生态系统，注重理念创新与生产利用方式的变革。

三、省域循环经济

（一）省域循环经济的概念内涵

多数学者通过某一特定的行政省域去探讨区域循环经济发展状况，并未明确界定省域循环经济的内涵。那么，何谓“省域循环经济”？首先，循环经济发展的层次是企业、园区、省域和区际等四重空间，其核心是省域，这是因为省域相对于企业、园区具备完善的经济、社会和自然系统，能为循环经济实施提供必要的连续单元空间，而相对于区际地理空间范围更小，经济、社会和自然系统特征更为简单，发展循环经济更具有针对性。由此可见，省域循环经济是以企业、园区循环经济发展为基础，是循环经济发展由点（企业和园区）向面（省域）推进的必然结果。其次，省域循环经济的发展与省域经济或者省域发展密切相关，是一种实现省域可持续发展和协调发展的高级形态的省域经济发展模式，即要求省域循环经济发展既不能违背省域经济发展的一般规律，又不能脱离生态学原理和循环经济基本原则。因而，省域循环经济是在一定省域空间范围内，以省域内资源环境状况和经济社会条件为基础，以省域经济、社会、资源与环境的全面、协调、可持续发展为目标，以资源、能源的高效利用和循环利用为抓手，建立以低物质投入、低能源消耗、高资源利用、高生态效益、低废物排放、再生资源综合利用为主的新型省域经济模式。

（二）省域循环经济的系统组成

按照系统论的观点，省域循环经济系统是集经济、社会和自然为一体的复合系统，主要包含资源、环境、经济、社会、支撑等五个子系统。资源子系统是省域循环经济发展的物质基础，为经济、社会系统的发展提供源源不断的物质与能源；环境子系统提供人类活动的空间和载体，并通过系统的自我修复能力缓解、修复其他系统对环境系统的破坏；经济子系统是人类发展与进步的动力，为人类的生产和生活提供丰富的产品，创造大量的物质财富；社会子系统是省域循环经济发展的条件，良好的社会氛围能够加速省域循环经济发展的进程；支撑子系统包含循环经济法律法规体系、政策支撑体系、生态技术支持体系，是省域循环经济全面发展的保障。省域循环经济的良性发展需要立足于省域资源、环境、经济、社会实际状况，重点开发引进先进适宜的生态技术，完善法律政策等激励保障制度，从而促进资源、环境、经济、社会、支撑等子系统的全面、协调和可持续发展。

（三）省域循环经济的发展主体

政府、企业和社会公众是推动省域循环经济发展的三大主体，在省域循环经济发展中分别扮演着不同的角色。政府作为省域循环经济发展的引导者，肩负着营造循环经济发展的良好环境的使命，需要通过创新制度建设，加强法律政策支持体系、技术支撑体系和激励约束机制建设，并辅之必要的经济、行政手段，来引导循环经济全面化、高端化发展。企业是省域循环经济发展的基本载体，企业在技术可行和经济有利的条件下，通过废物利用链接起来，形成基于共生关系的生态产业链，同时，企业内部通过推行清洁生产，按照“5R”原则对生产过程进行全程控制，从而减少单位产品的物料、能源消耗量和污染物排放量。社会公众是省域循环经济发展的参与者，公众通过直接参与和间接参与两种形式影响省域循环经济的持续发展。直接参与指公众参与循环经济发展过程中的管理、决策、监督活动及生活垃圾分类等环保活动，从而减少其他主体在环保决策中的失误，降低政府和企业的环保投入；间接参与指社会公众的绿色消费观念和行为将导致消费结构的改变，增加环保产品的市场容量，提高企业研发、生产绿色产品的积极性，形成绿色消费需求和经济增长的良性循环。

（四）省域循环经济的发展要求

当前，我国正处于工业化和城镇化发展的关键阶段，大力发展省域循环经济对促进省域经济发展方式的根本转变具有重大意义。

第一，发展循环经济是省域可持续发展的必然选择。省域循环经济以资源利用最大化、废弃物排放最小化、经济活动生态化为根本目标，强调在资源和环境容量的承载力范围内发展经济，自觉将资源环境因素作为经济发展的内生变量，从根本上化解省域经济社会发展与资源环境之间的矛盾，从而走上一条经济社会与资源环境协调发展、经济效益和环境效益同步提高的可持续发展道路。

第二，发展循环经济是提高省域综合竞争能力的有效手段。在资源浪费和环境破坏的形势下，优质资源和环境的保有量已经成为不可替代的竞争力，发展循环经济可以优化省域发展环境，增强环境和资源要素的吸引力，保持和增加省域的资源环境优势，增强省域发展的竞争力。同时，发展循环经济能够突出地区资源禀赋和优势产业，延长和整合产业链，强化与其他地区的错位竞争优势，提高原材料的产出率和能源的利用率，降低产品的生产成本，在资源和能源消耗相对较少的基础上增强企业竞争力，逐步提高产品的环保标准，进而突破国际贸易中的“绿色壁垒”。

第三，发展循环经济是发展“垃圾经济”、培育新的经济增长点的有效途径。目前，随着经济的高速发展和城镇的大规模扩张，各个地区的城镇垃圾数量呈现井喷式增长，给当地生态环境造成严重的污染和破坏，并可能由此引发一系列的经济、社会问题，进而制约当地经济社会的发展。发展循环经济要求积极开发垃圾资源化技术，培育和发展以废旧家电设备、汽车、橡胶、玻璃等主要“城市矿产资源”的规模化处理和深度化再利用为核心的环保与再生利用产业，这些产业通过对城镇垃圾和废旧物质进行分类处理与综合利用，使其成为可以再次使用的原料，从而实现“变废为宝”。这些产业的发展也将为当地提供大量的就业机会，成为带动当地经济发展的新的支柱产业。

第二节　循环经济的相关理论

循环经济的基本思想是在资源得到充分利用或循环利用、能源得到优化利用的条件下，减少污染物的排放[16]。循环经济理论综合了经济学、生态学、系统学等诸多理论的思想精华，构筑了较为完整的理论体系，对经济社会可持续发展进行了理论创新，其指导理论主要包括系统论、区域经济学理论、生态产业链理论、可持续发展理论、绿色发展理论等。

一、系统论

系统论主要研究各种系统之间的共同属性，利用数学模型定量分析系统结构和功能，试图寻找并阐述具有通用性的原理、特征与数学模型，是一门兼具逻辑及数学性质的新兴科学门类。美籍奥地利人、理论生物学家贝塔朗菲（Bertalanffy）是系统论先驱，代表作是《一般系统理论——基础、发展和应用》（*General System Theory: Foundations, Development, Applications*）。他强调任何系统都是一个有机整体，并非系统各个部分的简单相加或机械组合，系统的整体功能将产生系统各个部分在孤立情况下无法产生的新特性和功能。

一般系统论认为所谓的系统包含了要素、结构和功能三大基本概念，是某些要素通过特定结构形式串联而成的具备特殊功能与属性的有机整体。生态系统论起源于系统论，是系统论研究的一个分支。1935 年英国生态学家坦斯利（Tansley）将物理学上的系统整体性概念引入生态学之后提出生态系统这一概念，他认为生态系统是在任何规模的时空单位内由物理、生物学、化学活动组成的一个系统。换言之，生态系统是在一定的时空范围内由某个特定区域的生物与其周围环境，通过不断进行物质循环、能量流动和信息传递而形成的统一整体。从功能的角度来看，生态系统的结构主要由生产者（绿色植物或能进行自养活动的低等菌类）、消费者（动物，包括人类）、分解者（微生物等）和无机环境（空气、水、土壤、阳光等）组成，具有多元素、多样化、多层次的综合特征。该系统内的生物机体具有自我调节的功能，整个系统包含着复杂的物质循环、能量流动和信息传递与反馈机制。

根据系统论，无论是自然界还是人类社会，世界上的一切事物都是作为系统而存在的，任何事物都是有着复杂结构与组织特征的系统，是有机的统一整体。系统论认为，整体性、关联性、结构层次性、动态平衡性、有序性是所有系统的共同特征。根据是否与外界环境发生物质和能量交换，系统可以分为开放系统与封闭系统[17]。无论是自然生态系统，还是城市或者农村生态经济系统，都有其自身的发展规律。在推动绿色发展中，应采用系统论的观点，这样才能实现生态系统服务价值的提升。

系统论的基本方法是把所关注的因素划分为一个生态系统，进而研究系统内的组织结构和功能，探讨生态系统、生态系统内各个要素、生态环境与非生态环境等领域之间的相互关系和趋势变化规律，并基于优化整个生态系统的目的，对生态系统及系统中的各个要素进行必要的控制、改造、管理和优化，以达到生态系统平衡、保持系统持续发展的最终目标。循环经济发展本身就是一个自然生态复杂巨系统，涉及环境、资源、经济、社会、人口等各种子系统及其诸多要素之间的协调发展。按照系统论的原理，要使整个系统顺利实现可持续发展，必须对各个子系统中的因素进行综合考虑，并使构成系统的各要素之间保持协调关系。在循环经济发展过程中运用贝塔朗菲的一般系统论，强调循环经济发展全过程中输入端的减量化投入与输出端的资源化输出，优化原始资源和废弃物循环的各个生产、消费环节的相互关系，实现循环经济各子系统之间动态协调发展，进而实现整体生态效益与经济效益的最大化。

二、区域经济学理论

区域经济学是由经济地理学逐步演化而来的，目前国内的区域经济研究日渐完善。区位之间相互联系，其排列顺序具有秩序性和动态性，形成多种多样的空间结构，每个区位的选定必然引起连锁反应或反射作用[18]。一个区域凭借地区特色汇集更多资源，进一步凸显区域经济发展优势，从而打造出新的区域经济增长极。增长极是指以不同强度出现在增长点上，并通过对外发散的方式，形成区域经济发展的支撑力量。从增长极的功能出发，围绕着特定的主导产业，在地理上形成产业群，其关联的产业群比增长极地区以外的产业发展更快、创新性更强。随着交通基础设施不断完善，在经济文化的交流互动下，区域优势逐步辐射和带动周边地区的经济发展，进而实现经济利益统一发展。区域共同体内部资源实现自由流通，为经济活动发展提供便利条件，同时为区域经济发展提供强有力的经济支持。

区域经济学理论强调区域地理位置的相对集中和资源共享，注重发挥自然分工与企业经济活动的相互作用，凭借地理位置的优势布局经济发展区域化，形成块状或带状分布的区域经济。经济区内竞争力强的企业带动相邻企业发展，从而带动整个区域经济增长。同时，区域经济具有经济互补性和统一性的特点，政府强调大型经济区内企业之间经济联系所产生的强辐射能力，通过制定一系列政策促进区域经济体发展。此外，区域经济还体现出发展的平衡性，经济平衡、市场平衡和生态平衡是区域经济梯度理论的体现，经济主体要缩短经济发展的差异程度，实现均衡稳定发展，这样更有利于政策的实施及经济效益的提高。

任何一种经济活动都离不开具体的区域，区域发展带动循环经济发展，使资源利用的广度和深度增加，最大限度使各产业间形成密切联系，整合区域资源和强化核心产业。按照循环经济理念，构筑园区产业链网，区域经济助推循环经济发展。研究循环经济必须把循环经济置身于区域经济的大环境之中，发展循环经济是实现区域经济可持续发展的重要途径。循环经济发展应站在区域经济发展的高度来改善自身的生态环境，如生产力布局问题、产业链分工和资源配置问题、不平衡发展问题等，都成为推动循环经济发展必须考虑的因素。

三、生态产业链理论

产业链是指各产业部门间以一定的空间区域、技术经济关联为载体，通过上下游产业间的配套和产业内部的协作形成的一种链条式关系，这种关系属于经济学范畴，注重的是投入与产出的效率。生态产业链则是指依据生态学和工业生态学的原理，以恢复和扩大自然资源存量为宗旨，以提高资源基本生产率和满足社会需要为主题，对两种以上产业的链接进行设计或改造，并开创为一种新型的产业体系的系统创新活动。它主要通过产品体系规划、元素集成及数学优化方法，构建材料、产品、副产品及废物利用的共生网络，实现物质的最优循环和利用[19]。不同于产业链，生态产业链属于生态学范畴，不仅追求能源、资源的高效循环利用，更强调经济系统与生态系统之间的协调发展。

生态产业链理论主要包括四个方面的内容：第一，扩大自然资源存量，即要求通过产业链接的重新调整，理顺产业之间的关系，最大限度提升生态系统的自我修复能力与资源产出能力，进而扩大生态资源存量，为人类生产、生活提供更有力的保障。第二，系统创新过程，生态产业链的构建首先从理顺产业之间的链接入手，构建起产业链层面的生态系统，并以此对产业内部的“流”与“序”进行调整，使产业发展更为合理、高效，形成基于产业层面的生态系统，经济系统与生态系统的交集就是生态产业链，因而生态产业链的构建是系统创新过程。第三，适应社会的长期性需要，即生态产业链的构建既要促进生态效益，又要服务于企业等主体的利润创造及满足经济社会发展的需要。第四，通过强化不同产业之间的链接，使废弃物在不同的产业环节得到多次利用，进而提升资源基本生产率。

生态产业链的研究与应用涉及三个层次：宏观上，它是国家产业政策的重要理论依据，即围绕产业发展，如何将生态学的理论与原则融入国家法律、经济和社会发展纲要中，促进国家及全球生态产业发展。中观上，它是企业生态能力建设的主要途径和方法，涉及企业的竞争能力、管理水平、规划方案等。微观上，它是具体产品和工艺的生态评价与生态设计。因此，生态产业链理论既是一种分析产业系统与自然系统、社会系统及经济系统相互关系的系统工具，又是一种发展战略与决策支持手段。

生态产业链理论对循环经济发展具有重要启示：首先，借鉴生态系统中食物链环环相扣的特点，进行工业产业链的构建，积极推进工业产业链的纵向闭合与横向耦合，使所有物质流、能量流在经济系统中循环流动，实现废弃物的闭路循环。其次，以提升工业领域资源产出率为重要目标，促进工业系统与自然系统在和谐发展中相互促进。再次，运用系统的观点进行循环型产业链的构建，既设计、管理好产业之间的链接，又优化产业内部的“流”与“序”，协调好企业、高校、科研院所、社会公众等不同主体之间的关系。最后，循环型产业链的构建既要注重生态效益，也要注重经济效益，不断提升工业循环经济技术的经济可行性，实现经济发展与环境保护的相互包容。

四、可持续发展理论

1987 年，联合国世界环境与发展委员会（World Commission on Environment

and Development, WCED）提交了《我们共同的未来》的报告，正式将可持续发展作为关键概念采用，并较为详细地讨论了其定义，随后国内外学界针对可持续发展展开了广泛讨论，从生态、资源和环境保护维度，以及技术性、社会属性和经济学等角度出发，试图对可持续发展进行明确界定。虽然对于可持续发展的概念迟迟未达成共识，但它作为一种突破时代前沿的思想，多次成为重要议题出现在各种国际大会议程之中。

美国生态学家理查德·福尔曼（Richard Forman）认为，可持续发展旨在通过寻求一种最佳的生态系统和土地利用的空间结构，以支持生态的完整性和人们愿望的实现，使环境可持续性达到最大[20]。可持续发展理论包括三层内涵：首先是可持续性，指在对人类有意义的时间和空间尺度上，支配这一生存空间生物、物理、化学因素所规定的限度内，资源环境对人类福利需求的可承受能力[21]。其次是发展，即在自然、社会复合系统内，社会变革引导系统向更和谐、互补、均衡的状态发展的动态过程。最后是经济增长和发展，即某个国家或地区在规定时期内所有产品和服务的产出增长及随之而来的社会结构变化，包含数量增长与质量改善。

可持续发展追求的是生态、社会和经济等多方面的协调与共生，强调环境自身所拥有的价值。可持续发展反对损害后代利益，不仅提倡代内公平，而且倡导代际公平。它既是对短期目标的把握，也是对中长期目标的考虑，所推崇的是利益永续性的发展模式。可持续发展的主要原则包括可持续性、需求性、跃阶性。可持续性是指在自然资源体系受外部环境负面影响时，仍然能维持正常的生产效率功能；需求性是指可持续发展注重实现所有人都获得发展机会的愿望，关注世代所有人的根本需求，以人的基本需求为基础可持续地发展人类社会；跃阶性是指人类需求的数量与水平随着经济社会的发展而不断增加和提升，可持续发展自身也会实现由低层次向高层次的跃阶性发展[22]。

循环经济发展是以减少生产过程资源投入量、增加废弃物回收利用量、减少对生态环境的污染、实现经济发展为目标，这与可持续发展所提倡的合理利用和保护自然资源、提升生态环境发展潜力相一致。因此，在发展循环经济的过程中应以可持续发展理论为指导，做到经济社会持续稳定发展，实现经济增长的同时保持生态环境和生态效益的永续性，满足当代人及后代人生存发展的需求。

五、绿色发展理论

绿色发展思想源远流长，回顾我国历史明显可以看到，我国古代传统文化中“天人合一”的思想强调人与自然并不是征服与被征服的关系，而是提倡和谐共生的相处模式，对当前绿色发展理论影响深远。马克思、恩格斯在工业革命起初就认识到生态环境问题的严重性，认为人类生存发展是由自然所掌控的，人类作为自然界的一部分，必须与自然和谐相处。此外，绿色发展理论是对可持续发展理论的继承与发展。可持续发展理论从生态、资源和环境保护的维度，社会属性及经济学的角度探讨经济社会与自然环境的关系，要求达到人口、资源、环境、经济的协调发展。由此可见，绿色发展蕴含着前人思想的结晶，是对实现人与自然协调可持续发展的探索。

绿色发展概念最早起源于英国经济学家希克斯（Hicks）1946 年提出的绿色 GDP（gross domestic product，国内生产总值）理念。Pearce 和 Atkinson 在 1989 年强调人类发展不能单纯地追求经济增长，必须从社会及生态条件出发，建立“可承受经济”——绿色经济，避免资源枯竭、环境恶化及由此造成的社会分裂的发生[23]。绿色经济的概念引入我国后，引起了学术界的研究热潮。胡鞍钢认为绿色发展是对传统工业化模式的根本性变革，其概念更具包容性，强调全球治理中经济、社会、自然三大系统的共生性及社会发展的多元化[24]。黄志斌等综合了经济、社会、生态三个角度对绿色发展的本质进行探讨，认为绿色发展是建立在资源承载力和生态环境容量的基础上，以达成人类社会与自然日渐和谐、绿色 GDP 不断增加、人们获得的绿色福利日益增长为目的，以绿色化、生态化实践为手段，推动经济发展、社会和谐、生态优化的过程[25]。2015 年 3 月，绿色化作为首次在中央政治局会议上提出的新的“政治任务”，与传统“四化”一同构成新“五化”。同年，“绿色发展”一词出现在《中华人民共和国国民经济和社会发展第十三个五年规划纲要》中，作为五大发展理念之一。可以说，绿色发展理念在继承马克思主义生态观的基础上，吸收西方可持续发展理论，是对我国传统生态智慧的创新发展。

除此之外，发展循环经济是实现绿色发展的基本途径。绿色发展以实现经济、社会与环境和谐发展为目标，以绿色科技创新、推广绿色生产、提倡绿色消费等绿色理念为核心，通过绿色发展理念推动绿色发展实践，将绿色贯穿社会生产与人们生活的全过程，以提高能源利用效率、降低污染物排放、优化生态环境为保障，不断打造绿色城镇、生态园区等生态经济社会共同体，处理好人、自然与社会三者之间的关系，实现自然价值与人和社会价值的统一。同时，绿色发展理论把发展作为一个集经济系统、自然系统、社会系统为一体的复合体，其中三个系统的共生性决定了复合体内部具有交互作用，既存在正向交互机制也存在负向交互机制。而工业生态效率是探索工业与环境和谐发展的重要途径，处于经济、自然与社会系统之内，并且需要考虑经济系统、社会系统与自然系统之间的交互作用机制，目标是探索工业与环境的和谐发展之路。

第二章　循环经济的发展概述

第一节　循环经济的特征要素

循环经济对传统经济模式进行了根本性变革，是一种科学、系统、全新的发展观和经济发展模式，具有新的系统观、经济观、价值观、生产观和消费观，推进了技术范式和工业化的新型革命。

一、循环经济的基本原则

循环经济引入我国以来，学术界普遍以减量化（reduce）、再利用（reuse）、再循环（recycle）作为循环经济发展的主要原则，简称为“3R”原则。随着我国循环经济的试点与推广，学者对循环经济有了更深层次的认识，通过对理论与实践的不断探索，对“3R”原则进行了深化和延伸，又补充了再思考、再修复、再组织、再制造、无害化等原则[26]。综合《循环经济促进法》《国家循环经济发展战略及近期行动计划》和学者的观点，考虑我国资源环境特点与经济社会发展实际情况，我国循环经济发展要以减量化、再利用、再循环为原则。

（一）减量化原则

减量化原则是指通过物质投入和污染排放的减量化，不断提高资源的利用效率，即在生产过程中最大化降低资源、能源的投入，同时最大化减少污染废弃物的排放，做到物质输入端与输出端的有机结合。在生产环节，主张通过推进技术创新和改进生产流程，降低生产过程中的资源与能源消耗；通过清洁生产和采用先进生产工艺，减少生产和消费中废弃物的产生及排放；考虑资源、环境的可持续性，提高资源的利用效率，倡导产品的小型化、轻型化。在消费环节，减量化原则推行生活方式朝着环境友好型改变，杜绝过度消费，主张适度消费和绿色消费，倡导人们使用环境友好的绿色产品和循环型产品，建议消费包装简单、耐用、可循环利用的物品。

（二）再利用原则

再利用原则是指通过多次循环利用产品或者资源、修复、翻新等方式，尽可能多次或多种方式利用产品，延长产品的生命周期，提高资源的利用效率，节约生产这些产品所需要投入的各种资源。再利用原则强调过程性控制，抵制使用一次性产品，主张各类包装物、废旧物通过回收利用再次回到经济社会的使用中。在生产环节，倡导制造商使用便于更换的零件生产产品，以利于产品的维修与再利用。制造商可以通过标准化的设计和生产，提高零部件的可替换性，防止产品因为部分零件的损坏而导致整个产品的浪费。在消费环节，消费者应该提高废旧产品的再利用率，对废旧产品通过适当的维修进行再次利用，或者让产品回到二手流通市场，充分发挥产品的使用价值。

（三）再循环原则

再循环原则是指通过各种物理或者化学的技术手段将废旧产品最大限度转化为二次资源，“变废为宝”作为生产的原材料或者次产品，再次投入到产品的生产和使用环节，减少原生资源的开采利用与污染废弃物的处置。它属于输出控制端原则，核心环节是将可以再循环的物质分离出来，主要分为原级资源化和次级资源化。原级资源化是将废弃物再循环为原来的产品或与原来相似的产品，如废纸生产再生纸，其生产过程的物资消耗较小，具有较好的经济与生态效益。次级资源化是将废弃物转化为与原产品性质不同的产品的过程，如制糖厂的蔗渣通过造纸厂的次级资源化成为造纸材料，其经济与环境效益比原级资源化低。

二、循环经济的主要特征

（一）物质流动循环性

传统的线性经济是“资源—产品—废弃物”的单向发展模式，而发展循环经济需要遵循自然生态系统的运行规律和发展模式，在生产和生活系统中形成“资源—产品—再生资源”的闭路循环型模式，促进资源和能源在经济组织系统中多重循环流动，最大化减少或者不产生污染废弃物，追求废弃物的零排放。循环经济的主要特征是自然资源的“两低一高”，即低投入、低排放和高利用，以此来节约资源、保护环境，解决经济社会发展中环境与发展产生的主要矛盾。

（二）效益追求全面性

传统的经济发展往往一味追求经济效益，导致资源的过度消耗和环境的破坏。循环经济以自然生态规律为发展基础，推进生产生活方式转型变革，使高投入、高消耗、大量生产的传统经济体系向资源合理使用和循环利用的循环经济体系转变，全面追求经济、社会和生态三大效益的相互协调。循环经济不仅追求生产生活经济效益最大化，还注重物质和能量效用的获取效率，减少物料投入，提高资源循环利用水平，达到最小化索取自然资源、最大化提高社会效用、趋零化排放污染废弃物等目标，最终全面实现经济、社会和生态三大效益的和谐统一。

（三）科学技术先导性

发展循环经济要想真正落到实处，首先离不开先进科学技术的突破和创新。循环经济的关键核心技术是实现资源高效利用、循环利用，生态环境保护和经济同步发展的必要条件。通过大力推动科技进步，实现生产过程中的无害或低害新工艺、新技术的创新，加快落后产能设备与技术的升级，最大化减少生产中物料和能源的投入，形成低消耗、高产出、低排放的发展方式。在循环经济推行清洁生产、生态设计的过程中，减少或消除污染废弃物的排放，科学分析从设计到开采、从生产到回收利用等环节的资源消耗与废物排放情况，进而对物质的流动情况和对环境的影响现状做出科学研判，对系统的生态效率做出有效评估。

（四）全民社会参与性

循环经济的发展不仅体现在推动经济发展的生产环节，更融合于生活消费的各个方面，所以全民社会参与性是循环经济的又一重要特征。循环经济的发展既需要将先进的技术、科学的管理、完备的规则、详细的操作规程有机结合起来，还需要督促落实运行的管理机制和能力，所以离不开政府的科学管理与引导，离不开企业的生态发展和生产，离不开消费者的绿色消费及参与。此外，面对棘手的全球性资源与环境问题，单靠一个国家或者地区往往难以有效解决，需要各国、各地区的经济、技术等多方面条件相互协调。因此，经济和生态协调发展的理念与合作意识也是发展循环经济的重要前提。

三、循环经济的发展层次

20 世纪 90 年代以来，循环经济理念逐渐在发达国家普及，日益成为以产品生命周期为代表的众多理论的思想基础。循环经济活动主要在遵循“3R”原则的基础上，通过企业、园区、社会三大层次构建循环经济活动模式，实现物质能量在较大范围内的充分流动。

（一）企业层面的小循环

以微观、单一企业为主体，用循环经济理论去改造现有的生产工艺流程，在企业内部构建清洁生产模式，降低生产过程中的物料投入量，提高内部的能源使用率，实现污染物的最低量排放。企业通过发展废弃物回收利用技术和清洁生产工艺，构建节能、节地、节水的资源综合利用体系，最大限度地保护周边地区生态环境。

（二）园区层面的中循环

根据生态学理论，充分利用当地的交通条件与资源优势，设计生态工业园或生态农业园，以园区为载体，连接不同企业，在企业间形成物质、能量、信息共享的共生网络，提升工业代谢水平，有效连接上下游产业，在一定范围内形成经济发展与生态环境保护兼顾的良性循环体系，实现生产资源的优化配置，带动周边地区经济水平的提升。

（三）社会层面的大循环

通过政府宏观引导和全社会共同参与，在全社会普及清洁生产与绿色消费理念，推进大范围、多部门配合，提升资源综合利用率，搭建跨区域的资源共享平台，构筑废弃物回收利用网络，最大限度降低生产、生活终端污染物排放对环境造成的压力，建成以循环经济为主导的循环型社会。

第二节　循环经济的基本概况

在人类发展的历史长河中，随着人类认识和科学技术的不断发展，经济增长方式呈现出一种不断进步的嬗变进程。毫无疑问，循环经济昭示并必将催生一种崭新的经济伦理观及其道德诉求关系。

一、国内外循环经济的产生背景

（一）国外循环经济的产生背景

循环经济是21世纪全新的发展观，是对传统经济发展模式的根本性变革。循环经济的产生与发展经历了一个漫长的演变过程，有着深刻的时代背景、理论背景和实践背景作为支撑。

1. 时代背景

循环经济的产生与资源环境问题日益严峻并引起社会的广泛关注是分不开的。人类进入工业社会之后，随着人类改变自然的能力大大增强，在过度追求经济增长的驱使下，人类对自然资源展开了大规模、前所未有的开发利用。尤其是在第二次世界大战之后，不管是战胜国还是战败国，都迫切希望在短时间内恢复本国经济，一些工业化国家一味地追求经济快速增长，虽然为人类社会创造了巨大的物质财富，但所造成的耕地减少、土地污染、淡水资源污染、森林资源减少等现象不可逆转。

随着经济快速发展，西方发达国家城市化进程步伐迅速加快，由此加剧了对土地、淡水、能源等资源的消耗，给人类社会可持续发展带来严重挑战。因此，在第二次世界大战后的短时期内，全世界面临着人口激增、环境污染、粮食短缺、能源紧张、资源浪费等五大问题，也陆续发生了八大公害事件，包括比利时马斯河谷烟雾事件、美国多诺拉镇烟雾事件、英国伦敦烟雾事件、美国洛杉矶光化学烟雾事件、日本水俣病事件、日本富山骨痛病事件、日本四日市气喘病事件、日本米糠油事件，导致成千上万人直接死亡。

除此之外，又发生了意大利塞维索化学污染事故、美国三英里岛核事故、墨西哥液化气爆炸事故、印度博帕尔毒气泄漏事件、乌克兰切尔诺贝利核电站泄漏事件、瑞士莱茵河污染事件、全球大气污染、非洲大灾荒等新八大公害事件。每次事件都给人类造成巨大灾难，例如，1986 年 4 月发生在乌克兰境内的切尔诺贝利核电站泄漏事件，造成了土地污染、人员伤亡等严重后果。正是这些环境事件，迫使人们开始反思传统快速经济发展模式的利弊，也迫切要求人类在追求经济发展的同时，要更关注环境保护。

2. 理论背景

20 世纪 60 年代以后，西方循环经济理念迅速传播并对此开展了丰富的实践活动，推动了资源高效利用和废弃物循环利用，这离不开相关资源与环境领域专家学者提出的一系列创造性思想观点。

1798 年，英国人口学家、政治经济学家马尔萨斯发表了《人口论》，在基于食物是人类生存所必需的公理上，认为人口增殖能力比土地生产人类生活资料的能力要大无数倍，人口在食物供给不受妨碍时按几何级数增长，而生活资料受土地收益递减规律的制约只能以算术级数增长，导致生活资料的增长远远赶不上人口增长，因此必须采取强有力的措施对人口增长进行抑制。虽然马尔萨斯的观点存在争议，如没有考虑技术进步的贡献及人类适应环境的能力等，但他推动人们开始思考人类社会发展与自然环境的互动关系。

而李嘉图并不像马尔萨斯那样，认为自然资源的总量有限，无法承担人口压力。他提出资源相对稀缺理论，认为随着人口增长，社会对农产品的需求将不断增加，在土地数量固定的情况下将出现两种情况，即不得不耕种肥力和位置越来越差的土地，或者在原有土地上追加投资，因此存在生产土地边际报酬递减现象。李嘉图认为并不存在自然资源的绝对稀缺，只存在生产率较高的自然资源的相对稀缺，同时他意识到技术进步在促进生产增长方面的积极作用。

1862 年，英国经济学家穆勒提出静态经济理论，这是人类第一次探讨关于人类社会的经济增长与自然资源环境的承受界限问题。他认为，劳动、资本、自然资源是任何社会生产必不可少的三大要素，并提出静态经济概念：自然资源环境、人口和财富都应该保持在一个静止稳定的水平，并且这一水平要远离自然资源环境的极限水平，以防止出现食物缺乏和自然美的大量消失。

在早期资源环境人口思想理论的烘托下，全球环境污染事件的不断出现，推动了西方环境保护运动的兴起，也推动了循环经济思想的产生。在环境保护理念的宣传引导下，人类开始探索能实现可持续发展的现实道路，循环经济的思想应运而生。1962 年，美国生物学家卡森出版《寂静的春天》一书，围绕滥用杀虫剂引发的环境污染、食物链紊乱、人体免疫力下降等灾难性后果展开讨论，并宣称“今后人类从胎儿到死亡，都要接触危险化学品，这个现象在世界历史上还是第一次出现”。卡森的观点对绿色环保理念的宣传教育影响甚远，不仅迫使化学药品生产商投入巨大的人力、财力、物力研发高效低毒的新产品，更提高了人们的环境危机意识，推动政府出台有毒物质控制法，以法律形式规范企业的生产行为，使之符合环境保护和人类健康的需要。

1966 年，美国学者博尔丁发表《未来宇宙飞船地球经济学》一文，将人类赖以生存的地球比喻成宇宙中的一艘飞船，在狭窄的飞船上没有可供开采的能源资源和可供污染的生活环境，维持正常生活的物质资源也是有限的，在这种情况下要使飞船长期正常飞行，必须高效利用现存的物质资源，对使用后的废弃物进行再利用和再生产，并尽可能不在飞船上排放污染物。如果不对现有资源加以循环再生利用、不减少污染物排放，资源将消耗殆尽，生活环境将充斥着污染，地球将像飞船一样走向毁灭。博尔丁的宇宙飞船经济理论被视为循环经济理念的萌芽，是对“资源—产品—废弃物”传统线性增长方式思想的变革，倡导“资源—产品—废弃物—资源”闭路循环型模式，最大限度挖掘资源利用效率，最低程度向大自然排放污染物。这种变革的思想理论在当时产生了深远的影响，为循环经济理论的发展和成熟奠定了基础。

（二）国内循环经济的产生背景

改革开放以来，我国经济社会发展取得了举世瞩目的成就，GDP 年均增长近 10%。但是，长期以来我国经济增长过度依赖要素驱动和投资驱动，创新要素贡献率较低，“高消耗、高污染、高排放”的经济增长方式所造成的资源浪费、环境污染、生态破坏等现象越来越严重，对经济社会可持续发展和人民生活质量造成了严重威胁。我国经济社会发展之所以要走循环经济道路，归根结底是因为我国发展中出现的资源环境问题。

1. 我国面临的环境问题更严峻

改革开放以来，我国经济建设取得了举世瞩目的成就，但经济的快速增长在很大程度上仍然依靠物质资源的高消耗来实现，没有从根本上改变“大量生产、大量消费、大量废弃”的传统模式。20 世纪末 21 世纪初，我国还处在工业化快速发展的过程中，环境污染和生态污染同时存在。工业比较集中的城市环境污染严重，而以农业为主的广大农村存在生态破坏问题。环境污染是人为因素导致环境的构成或状态发生变化，与原来的情况相比，环境质量恶化，扰乱和破坏生态系统与人们正常的生产生活，当污染严重时会发生“公害”事件。我国环境问题突出表现在以下几个方面。

第一，空气污染。我国的经济发展、能源结构、地形及气候条件决定了我国大气污染具有以下特征：我国大部分城市存在煤烟型污染，主要污染物为烟尘和二氧化硫；汽车尾气污染明显增加，并逐渐上升为城市大气主要污染源，总悬浮颗粒物或可吸入颗粒是影响城市空气质量的主要污染物；酸雨分布区域性、季节性明显，污染物成分特点突出，多以酸雨为主；工业“三废”（废气、废水、固体废弃物的总称）任意排放是大气污染的罪魁祸首，但农业引发的大气污染仍不容忽视。《大气污染防治行动计划》指出，我国大气污染形势严峻，以可吸入颗粒物（PM10）、细颗粒物（PM2.5）为特征污染物的区域性大气环境问题日益突出，损害人民群众身体健康，影响社会和谐稳定[27]。

第二，海洋与水污染。海洋污染主要来自陆源性污染物排放，以及海上活动和直接向海洋倾倒废物。海洋污染的严重后果之一是赤潮，这主要是人类活动造成海水富营养化的结果。我国沿海在 20 世纪 70 年代以前仅有两次赤潮记录，但进入 80 年代后，赤潮发生的频率明显增加，每年达几十次之多。2001~2003 年我国海域发生赤潮次数分别为 77 次、79 次、119 次，其中 4 次持续时间长达 15 天以上。由此可见，20 世纪末 21 世纪初我国海洋污染现象日益严重。同时，在地下水污染方面，2014 年全国 423 条主要河流、62 座重点湖泊（水库）的 968 个国控地表水监测断面（点位）的监测数据显示，III类及以下水质的占总量的 66.2%；在 4896 个地下水监测位点中，水质为较差级和极差级的占 61.5%，地下水环境质量不容乐观[28]。

第三，固体废弃物污染。人类社会生产的各种固体废物，如城市居民的生活垃圾、建筑垃圾、清扫垃圾与危险垃圾（废旧电池、灯管等各种化学、生物危险品，含放射性废物），已成为现实生活中非同小可的社会问题。进入 21 世纪后，我国每年城市垃圾产生量接近 2 亿吨，“垃圾围城”现象频现。目前，我国垃圾处理仍以露天堆放、集中填埋为主，不仅占用大量土地，更污染城市的空气、水质、土壤环境，对人民群众的生活质量造成严重影响。

第四，土壤污染。土壤污染是工业化的副产品，污染源基本来源于工业与农业生产，主要包括污水灌溉污染、酸雨污染、重金属污染、农药和有机物污染、放射性污染、病原菌污染及各种污染交叉造成的复合污染等。2004 年，我国受镉、砷、铬等重金属污染的耕地面积近 2000 万公顷，其中，工业“三废”污染耕地 1000 万公顷[29]；因固体废弃物堆放占用和毁损的农田面积达 13 万公顷以上；受到大气污染的耕地面积达 533 万公顷以上；污水灌溉农田面积占全国总灌溉面积的 7.3%；遭受农药污染的农田面积达 933 万公顷，平均每公顷施用农药约 24.2 公斤①，比发达国家高出 1 倍，而有效率却只有 30%，大量农药流失进入大气、水体、土壤及农产品中，土壤中的农药残留量逐年增加[30]。

---

① 1 公斤=1 千克。

2. 我国资源能源紧缺现象加剧

资源是经济社会发展的基础，我国资源总量大，但由于人口众多，人均占有资源量较低。在淡水资源方面，我国是联合国认定的“水资源紧缺”国家。我国水资源南多北少，分布不均衡。我国降水的70%~80%集中在6~9月，黄、淮、海流域人口占全国人口总数的35%，耕地面积占全国的39%，而水资源量仅占7.5%。随着我国经济的快速发展，以及城市化水平的迅速提高，人们用水水质标准及水环境要求逐步攀升，而水务设施建设相对滞后，尤其是水资源的滥采滥用，更加剧了水的供需矛盾。

在耕地资源方面，我国是土地资源相对贫乏、土地质量较差的国家。土地资源中难以利用的土地面积比例高，流动沙丘为0.45亿公顷，戈壁为0.56亿公顷，海拔4000米以上难以利用的高山为1.93亿公顷，约占国土面积的三分之一。耕地资源中质量好的一等耕地约占40%，中下等耕地和有限制耕地约占60%。国土面积中干旱、半干旱土地约占一半，山地、丘陵和高原约占66%，平原仅占34%。而且随着人口的不断增长，工矿、交通、城市建设用地不断增加，人均耕地不断减少。同时，人类不合理的生产活动致使水土流失严重，土地沙化、盐渍化和草场退化面积不断扩大而损失掉大片的良田。在资源短缺的条件下，我国“高消耗、高污染、低效益”的传统经济增长方式尚未根本转变，主要矿产、水等资源综合利用效率偏低，资源浪费严重，加剧了资源短缺所带来的一系列问题，经济社会可持续发展面临严重挑战。

在矿产资源方面，我国是资源相对贫乏的国家。石油对外依存度从21世纪初的26%上升至2011年的57%，2013年油气人均剩余可采储量仅为世界平均水平的6%。铜矿、铝矿等需求量大的矿产资源保有储量仅分别占世界总量的4.4%和3%，且贫矿较多，共生、伴生矿床较多，开发利用难度大。同时，我国矿产资源开发较为粗放，资源浪费严重。2005年我国矿产资源总回收率约为30%，比国外先进水平低20个百分点，共伴生矿产资源综合利用率为35%左右，煤系共生、伴生20多种矿产，绝大多数没有利用[31]。

在能源利用方面，我国主要能源的真实储量有限，可开采年限均低于世界平均值。2012年，我国单位GDP能耗是日本的7倍、美国的6倍、印度的2.8倍①。与之相反，2009年我国人均化石燃料资源仅为世界均值的56%，石油的人均可采储量仅为世界均值的8%[32]。2004年研究表明，我国的能源消费强度比较高，约为经济合作与发展组织成员国均值的4.6倍②。尽管我国幅员广大，但从人均意义

---

① 研究报告称我国单位GDP能耗是日本7倍 美国6倍. https://news.qq.com/a/20120904/000754.htm[2019-07-20].

② 郑健超：中国可持续能源供应的挑战与技术机遇. http://www.cas.cn/xw/zjsd/200906/t20090608_645020.shtml [2019-07-20].

上讲，我国的能源资源非常有限。同时，我国能源消费结构以煤炭为主，应对气候变化压力逐步加大。科学家预测：①与 2000 年相比，2020 年我国年平均气温将升高 1.3～2.1℃，2050 年将升高 2.3～3.3℃。全国温度升高的幅度由南向北递增，西北和东北地区温度上升明显。预计到 2030 年，西北地区气温可能上升 1.9～2.3℃，西南地区可能上升 1.6～2.0℃，青藏高原地区可能上升 2.2～2.6℃。②未来 50 年我国年平均降水量将呈增加趋势，预计到 2020 年，全国年平均降水量将增加 2%～3%，到 2050 年可能增加 5%～7%，其中东南沿海增幅最大。③未来 100 年我国境内的极端天气与气候事件发生的频率增大，将对经济社会发展和人们生活产生很大影响。④我国干旱区范围逐步扩大，荒漠化可能性加重。⑤我国沿海海平面仍将继续上升。⑥青藏高原和天山冰川将加速退缩，一些小型冰川将消失。

3. 我国循环经济发展粗具规模

循环经济发展模式是实现绿色发展、建设生态文明的基本生产方式选择，是对传统线性经济增长方式的一场革命[33]。当前，我国循环经济发展粗具规模，具备一定的基础条件，突出表现在几个方面。

第一，发展循环经济成为共识。近年来，世界经济得到了快速增长，但也付出了巨大的资源消耗和环境破坏等代价。温室气体的增加与排放对环境产生极大破坏，尤其是二氧化碳产生的负面影响最大，其中能源使用、工业生产、农业活动、城市建设、居民生活是温室气体的主要排放源和主要“碳源”。《斯特恩报告》指出，全球以每年 1%的 GDP 投入碳减排，将可避免未来环境恶化造成的每年 5%～20%的 GDP 损失。面对资源环境与经济发展日益突出的矛盾，以及全球气候变暖等关系人类生存的重要问题，采取以循环经济发展模式实现经济社会可持续发展已成为普遍共识。循环经济思想起源于 20 世纪 60 年代美国经济学家博尔丁的宇宙飞船经济理论，由英国经济学家 Pearce 和 Turner 在 1990 年出版的《自然资源和环境经济学》中正式提出，此后循环经济开始作为实践性概念出现在德国、日本和美国等发达国家。20 世纪 90 年代末，生态经济与产业生态领域的学者将循环经济的概念引入我国，并逐步从发展理念上升为我国发展战略和基本政策。

第二，我国循环经济初步探索。当然，经过多年发展，我国循环经济的规模不断壮大，资源环境效益进一步显现，主要体现在：①资源利用规模逐步扩大。2013 年我国工业固体废物综合利用量达 20.59 亿吨，约为 2000 年的 5.5 倍，利用率达到 62.3%，较 2000 年增长 16.4 个百分点，资源综合利用规模逐步扩大。②科技支撑体系初步形成。国家每年通过国家科技支撑计划和国家高技术研究发展计划（“863”计划）安排专项经费，用于全面推进资源综合利用科技创新体系建设。③技术经济范式有效构建。国家从省、市、园区、企业等多个层面开展循环经济示范试点，探索出循环经济发展模式，对循环经济发展起到先导作用。但是，在循环经济成为我国经济转型发展合理路径的同时，却也有着“不经济”的现实尴尬，产生了节能改造成本高、部分技术应用不成熟、盈利模式不清晰、资源价格与资源综合利用价格倒挂、统计和评价服务能力薄弱等问题，推动循环经济发展的动力不足。

第三，我国发展循环经济客观需求。我国一方面实现了经济发展的巨大成就，另一方面面临着资源依存度大、环境损害严重、后续发展乏力等问题，经济增长与资源环境之间的矛盾更加突出，可持续发展能力有待提升。2013 年国务院发布《循环经济发展战略及近期行动计划》，标志着我国进入全面推动循环经济发展阶段[34]。党的十八届三中全会提出，完善发展成果考核评价体系，建立可量化、可操作、可考核的循环经济评价与考核制度[35]，这为我国今后促进循环经济发展与研究指明了方向。党的十八大报告更是把生态文明建设上升到“五位一体”总体布局的战略高度，将其作为化解我国社会主要矛盾的重要路径。因此，发展循环经济是我国的一项重大战略决策，是落实党的十八大以来推进生态文明建设战略部署的重大举措，是加强转变经济发展方式、建设“两型社会”、实现经济社会可持续发展的必然选择[36]。

二、国内外循环经济的发展历程

我国与国外发达国家循环经济发展阶段不同，国外发达国家循环经济发展普遍早于我国，大多始于 20 世纪 70 年代，这主要是由所处的经济发展阶段及资源环境问题出现的时间决定的。而我国循环经济发展是进入 21 世纪之后，在循环经济理念逐步传播到国内，引起政府领导和学术界重视之后才快速发展起来的。归纳总结国内外循环经济发展阶段历程，有助于把握循环经济发展脉络，提炼国外循环经济发展的先进经验，为推动我国循环经济深入发展提供借鉴。

（一）国外循环经济发展阶段

1. 国外循环经济发展的总体历程

1）循环经济理论的成熟

20 世纪 70 年代以后，环保理念越来越深入世界各国人心，人类对经济发展与环境保护之间的规律认识更加清晰。1972 年，环境保护运动的先驱组织罗马俱乐部发表研究报告《增长的极限》，首次对人口、粮食、经济、资源、环境五个因子构成的生态系统运行状态进行探讨并提出，由于地球粮食、资源和环境的有限性，人口和经济的增长必须是有限制的；五个因子存在反馈环路，全球系统无节制地发展，最终将向其极限增长，并不可避免地陷入恶性循环中；人口、粮食、经济、资源和环境等因子形成均衡状态是解决全球性环境和发展问题的最终出路[37]。虽然该书在当时被许多人批判为“大灾难或世界末日”的假说，但在人口、资源与环境关系的探讨上对人们产生了极大的启发。同时，该书也提出通过开发收集废料的新方法，将抛弃的物质用于再循环利用，可以降低资源能源消耗，以及通过更好的产品设计，能够延长产品的使用寿命，降低资本折旧率等促进全球生态系统平衡的技术方法，这些观点已经蕴藏着循环经济的相关内容。美国生物学家、生态学家康芒纳（Commoner）在《与地球和平共处》一书中分析了美国废旧资源和产品不能实现循环利用的主要原因，提出生态设计、引导公众参与、政府采购等可减少污染物产生的途径[38]。1989 年 Frosch 和 Gallopoulos 发表《制造业策略》，首次提出工业生态学原理，认为在工业系统领域，上游生产过程中排放的废弃物可以成为下游生产所需的原材料，通过各行业、各环节的循环链接，可以使工业生态系统像自然生态系统一样，维持长期均衡状态[39]。工业生态学理论将循环经济发展的重点聚焦在工业领域，进一步丰富了循环经济的内涵，为建设生态工业园区奠定了理论基础。

1990 年英国环境经济学家 Pearce 和 Turner 编著的《自然资源和环境经济学》一书中首次使用“循环经济”一词，认为循环经济模型是基于可持续发展目标建立起来的，由自然循环和工业循环两部分组成。自然循环是指经济系统排放的废弃物经过自然环境的吸收和消化过程，将其转化成可重复使用的原材料，重新进入经济系统使用；工业循环是指通过技术创新和管理创新对工业生产所需的能源与资源进行循环利用，以减少废弃物排放[40]。Yang 和 Lay 认为，技术创新在发展生态经济中的作用最重要，当能够通过技术创新找到生产原料的替代性资源、能源时，对创新技术及相关知识的研究应该成为发展生态经济的最主要手段；只有当技术创新无法解决资源替代问题时，保护自然环境即实现“土地营养化”，对资源利用进行合理的管理与规划才上升为协调经济与生态发展的第一途径[41]。

2）循环经济实践的开展

20 世纪 90 年代以来，随着工业化、城市化进程加快，人民物质生活水平不断提高，生产和生活排放的废弃物逐渐增多，美国、英国、德国等国家政府认识到发展循环经济的重要性，并开展了一系列循环经济实践活动。日本政府颁布了《循环型社会形成推进基本法》，把建设循环型社会提升为经济社会发展总体目标，建立了相对健全的循环经济法律法规体系。德国出台《物质闭路循环与废物管理法》《循环经济和废物管理法》等法律法规和《饮料包装押金规定》《废旧汽车处理规定》《废木料处理办法》等配套规定，确立废弃物产生最小化原则、肇事者原则及政府与公民合作原则。美国、瑞典、澳大利亚、英国也基本按照循环经济发展要求制定废弃物管理办法，推动形成了一批较为典型的循环经济发展模式，如以美国杜邦公司为代表的循环型企业模式、以丹麦卡伦堡生态工业园区为代表的循环工业园区模式、以德国为代表的废弃物回收模式和以日本为代表的循环型社会模式。

2. 国外农业循环经济发展的典型经验

1）德国：综合发展的循环型农业

德国是农业发展水平较高的国家之一，较早开始发展低碳农业、生态农业和循环型农业，现已形成综合发展的循环型农业模式，主要运用再生资源、生物质能等新型产品替代传统的化学合成产品，以解决日趋严重的环境污染问题，实现传统农业和现代循环农业之间的巧妙融合与过渡[42]。

第一，重视科技的发展与运用。德国成立了综合农业促进联合会，对农业发展给予必要的技术、管理、资金支持，重视高科技在农业领域的运用，通过技术创新开展无公害环境技术、资源综合利用技术等关键技术的研发，并辅之以相关的配套管理措施。在农业生产过程中，通过综合运用卫星遥感等高新技术，合理控制化肥、除虫剂、除草剂的使用量，穿插使用轮作或间作等方式提高光能利用率和种植效率，将清洁生产和天然饲料的使用贯穿农业生产全过程，充分保护本国的水源、土壤及绿地，农产品产量和质量获得显著提升[43]。

第二，重视实施法律法规。德国政府制定了一系列与循环型农业发展相关的法律法规和政策措施，包括化肥施用量限制、废弃物限制排放措施、环境污染治理及生态环境保护等。在农业生产过程中，以法律条文明确规定了化学产品的合理用量，禁用化学合成杀虫剂、除草剂，鼓励使用有机肥，禁止滥用抗生素，严格控制使用转基因技术，并督促全社会范围内合理规划农业用地，关注生态环境的保护。

第三，重视发展生物质能源。德国综合型农业的实施过程中，以有益于生态环境和自然资源保护为前提，高度重视发展、应用生物质能源等新型能源，降低对传统能源的依赖性，选育甜菜、马铃薯、玉米等作物的下脚料制取乙醇、甲烷等燃料。德国在全国范围内实行农产品统一的生态标识认证措施，使有机农产品价格透明化，既保证了农产品的产量，又提升了农民参与的积极性。

2）以色列：资源节约和技术密集的循环型农业

以色列沙漠面积占国土面积的 66.7%，土地资源与水资源较为匮乏。以色列积极走资源节约和技术密集的循环型农业道路，在全国范围内推广应用滴灌、喷灌和无土栽培技术，农业总产值始终保持每年 15%以上的增长率，农业生产率在全世界领先[44]。

第一，以发展循环型种植业为基础。以色列针对匮乏的土地资源和干旱缺水的实情，及时制定循环型农业发展战略，由 20 世纪的内向型和粗放型农业逐步转向集约环保的循环型农业，大力发展以循环型种植业、生态园艺为代表的特色产业。与传统种植业相比，集约化管理既减少人力资本投入，又充分实现单位面积的更高产出。以色列通过发展节约种植业，每年向世界各地高端市场输出具有高附加值的棉花、花生、果蔬、鲜花等农产品，经济效益显著。

第二，以高科技手段实现节水循环农业。以色列以高科技手段为依托，在全国范围内发展节水型、循环型农业，将高科技、信息化手段运用到循环节约型农业生产的每个环节，高科技已成为以色列循环型农业快速持续发展的核心驱动力。以色列重点开展节水、节地等关键技术的研发创新，所开发的施肥灌溉系统完全实行计算机管理，可灌溉土地占可耕地面积的 49.5%。其首创的高效先进的节水灌溉技术及相应污水处理技术在全球处于领先地位，无害化防治、水肥一体化等生态农业技术也在全国范围内推广和普及。

第三，以发展设施生态农业为重点。以色列设施生态农业高度发达，实现了农业生产全过程的信息化、自动化、规模化和标准化及种植、养殖的专业化，农业机械化程度很高，人工成本耗费少，种植作物品种优良、附加值高，番茄年均产量为 33 吨/亩①，玫瑰花年均产量为 20 万枝/亩。以色列的温室装备先进，物质和能量合理循环流动，内部资源能够循环高效利用，在一定程度上摆脱了土地资源与水资源匮乏对农业后续发展的制约。

3）日本：以优化区域资源配置为导向的循环型农业

日本作为一个岛国，传统的耕地、水资源等农业资源严重匮乏，但日本通过发展以区域资源为导向的循环型农业，提升单位空间内的资源使用率，在一定程度上突破了农业资源对农业发展的限制，提升了农业发展的整体水平。

第一，以控制污染物排放为核心。日本循环型农业的发展重点是在保护生态环境的前提下，提高农产品产量，从源头上控制污染，其突出特点是清洁生产和污染物零排放。日本一直强调清洁生产的重要性，在农业生产过程中遵循生态学原理，控制化肥、农药、生长调节剂、饲料添加剂等投入品的使用，降低农业生产过程中污染物的排放，保持土壤肥力，实现农业可持续发展。

第二，以宏观调控为手段。日本在组织农业生产的过程中，以区域资源为导向，因地制宜制定区域循环型农业发展战略，注重强调各农业系统内部种植业、畜牧业、林业、渔业等各行业之间的高效连接耦合，以实现农业行业间资源利用效率的最大化。日本还建立了结构较为完整的循环经济法律体系，形成环保型循环农业发展的长效机制，使日本农业稳步发展，生态环境质量显著改善[45]。

第三，以混合种植、循环养殖为补充。日本充分运用套种、混种、循环水养

① 1 亩≈666.7 平方米。

殖等多种循环型农业模式来改进传统种植业和养殖业，促进农业生产过程物质能量的高效循环利用[46]。利用生物技术改良品质，提高其对盐碱地、生态敏感地带等复杂环境的耐受性。在种植、养殖过程中，将多种农作物混合种植，提高光能使用率，减少用地面积，或者在种植农作物的同时发展畜牧业及水产业，形成种植业、畜牧业和水产业多业共生的立体循环型农业发展模式。

3. 国外制造业循环经济发展的典型经验

作为当今世界上最发达的几个国家，美国、日本、德国的制造业在国际市场上的竞争力无可比拟。在经济全球化和生态环境问题日益凸显的时代背景下，发达国家的制造业虽在本国 GDP 中所占的比重有所下降，但从某种程度上促进了这些国家开始转变其制造业的传统发展模式，努力向知识密集型、生态友好型、以先进技术为核心的制造业发展，引领全球制造业的转型和发展。因此，选取美国、日本、德国等三个发达国家，对其循环型制造业的发展历程和实践经验进行总结与梳理。

1）强调政策法规保障作用

制造业是支撑国家发展的基础性行业，其发展离不开国家政策法规的有效扶持。20 世纪以来，随着全球资源能源供应日趋紧张及生态环境恶化，发达国家纷纷制定了相应的政策法规，以保障制造业的绿色和可持续发展。

20 世纪 60 年代起，美国制定了《国家环境政策法》《资源保护和回收法》《污染预防法》等一系列政策法规，这些政策法规都较好地体现了循环经济理念，旨在增进社会一般福利，为人与自然的和谐发展创造有利条件，这在一定程度上为推动制造业的绿色、可持续发展提供了宏观法律框架。此后，为进一步提升制造业竞争力，美国先后推出《制造业促进法案》、“先进制造伙伴关系”计划，不断增加对制造业的投入力度，构建政府、企业、高校及研究机构间的密切合作机制，形成多元化创新系统，开发具有较高能效水平的绿色制造工艺。为推动制造业循环经济发展，日本与德国也制定了相应的政策法规，并细分到各个行业中，如针对汽车产业，为减少报废汽车对环境造成的负面影响，两国分别出台《汽车循环法案》和《废旧汽车处理规定》，并制定对废旧汽车零部件与材料的回收利用率达到 95%的远期目标，有效推动汽车产业的绿色和可持续发展。

2）发挥技术革新支撑作用

面对 21 世纪制造业的高技术、低能耗、绿色化等发展趋势，处于后工业化时期的发达国家凭借技术优势，不断推进传统制造业变革，并促使其加速朝着绿色、循环、低碳方向发展。

以日本为例，为推动制造业转型，大力实施技术革新，为其发展循环经济提供了有效的技术支撑，这种技术革新涉及产品设计、开发、生产、销售、回收利用等整个生命周期。例如，确立产品的生命周期评价技术，开发以清洁能源为动力源的产品设计技术，研发可再生循环原材料、产品或再生产品用途拓展等再生循环技术，开发节能、节材相关方面的生产技术。作为日本最大的汽车公司，丰田汽车公司在通过技术革新发展循环经济方面具有一定代表性，例如，在车漆喷涂方面导入水性漆涂装技术，并在喷涂过程中研制了静电高性能钟罩，在提高喷涂效率的同时降低了 VOC（volatile organic compounds，挥发性有机化合物）（包括甲醛、苯等挥发性有机化合物）的排放量，且在发动机缸盖低压铸造过程中采用废砂再生工艺，以提高砂子的利用率。此外，美国与德国在发展循环经济进程中，对制造业也进行了相应的技术革新。例如，美国在数控机床制造中，通过运用干切削和低温切削等清洁加工技术改善生产环境；德国在节能环保型汽车生产中，通过开发混合动力技术减少汽车尾气排放。

3）突出企业实施主体作用

企业是资源和能源的消耗主体，只有企业积极参与到循环经济发展实践中，循环经济才能在整个产业中得到全面推行。从发达国家制造业循环经济发展的实践中可以看出，注重发挥企业的主体作用始终被摆在突出的位置。

作为欧盟最早倡导发展循环经济的国家，德国通过法律对企业责任进行延伸来实现废弃物的回收处置到再循环、再利用转变，如《循环经济和废物管理法》等法律的实施，要求企业对产品从生产到报废过程中所造成的环境影响负责。同时，设立专门的监管机构来规范企业行为，如企业要向其证明具备一定回收废旧产品的能力，才可进行生产和销售等。此外，政府还采取一系列的管理和诱导措施，鼓励企业实施清洁生产，如在企业清洁生产项目开展实施时，政府替其出资聘请公司进行咨询，以保障企业项目实施的质量和效率。在项目投产所需资金方面也会提供相应的解决途径，不仅减轻企业的经济负担，保证项目实施效果，同时提高企业参与循环经济发展的积极性。日本和美国也十分注重发挥企业主体作用，如日本企业通过构建环境管理评价体系、环境信息披露体系等相关循环经济运行体系，促进其对循环经济战略的贯彻实施。美国除了建立企业资源回收利用激励机制之外，还通过环保意识的倡导转变消费者需求，进而促进企业生产模式的转型。

（二）我国循环经济发展阶段

1. 我国循环经济发展的总体历程

在我国循环经济发展的起点和阶段划分上，国内学者一般以 20 世纪末“循环经济”一词引进我国的时间作为时间起点，以此将我国循环经济分为起步阶段、发展阶段、成熟阶段。

1）起步阶段（1998~2004 年）

1998 年，同济大学可持续发展研究中心诸大建教授在研究德国、日本等西方发达国家循环经济和可持续发展的经验做法、基本特点等基础上，将循环经济理念引入我国，在《科技导报》《社会科学》《上海经济研究》《上海环境科学》等杂志上，分别发表了题为《可持续发展呼唤循环经济》《循环经济的崛起与上海的应对思路》《循环经济：上海跨世纪发展途径》《循环经济与上海可持续发展》等文章，对循环经济的概念内涵、发展原则、实施途径、上海对策等进行探讨，标志着我国正式进入循环经济理论研究阶段。之后，以吴季松、冯之浚、解振华、曹凤中、段宁、齐建国等为代表的一批专家学者，对我国为什么要发展循环经济、什么是循环经济、怎样发展循环经济等相关问题进行理论探讨和实证研究，初步形成具有我国特色的循环经济理论体系。

2）发展阶段（2005 ~ 2010 年）

2005 年，国务院出台《国务院关于加快发展循环经济的若干意见》（国发〔2005〕22 号），对 2005 ~ 2010 年我国循环经济发展的主要目标、重点工作和环节、政策机制提出明确要求，标志着我国进入循环经济的发展阶段。2005 年和 2007 年，国家发展改革委会同六部委开展了两批共 178 个单位的循环经济试点工作，涉及重点行业、重点领域、产业园区和省市四个层面。在重点行业层面，主要选取钢铁、有色金属、煤炭、化工、建材、机械等能源消耗量大、污染物排放多的重化工行业典型企业；在重点领域层面，主要选取再生资源回收利用体系、废旧金属再利用、废旧家电回收利用、再制造、废电池回收利用、包装物回收利用等对资源回收利用具有重要意义的基地或企业；在产业园区层面，主要选取新建工业园区（如 2009 年建成的上海化学工业区）和早期建成工业园区（如 2001 年建成的福建泉港石化工业园区），探索发展程度不同的两类园区循环经济建设和改造升级途径；在省市层面，分别从东部、中部、西部、东北部地区选取 27 个省市开展试点工作。除了国家级循环经济试点工作之外，各省市也相应开展了本地区的循环经济试点工作，设立的试点城市、园区、企业近 2000 个，充分发挥了试点单位的示范带动作用，为全面推进循环经济发展提供了丰富的实践经验。

3）成熟阶段（2011 年至今）

2011 年我国进入经济社会发展的第十二个五年规划周期，国务院也着手制定《循环经济发展战略及近期行动计划》，并开始了以“十百千”为抓手的循环经济实践行动，以全面推广循环经济典型模式，推动循环经济形成较大规模，标志着我国循环经济发展步入成熟阶段。“十”是指十大示范工程，包括资源综合利用、产业园区循环化改造、再生资源回收体系、“城市矿产”基地建设、再制造产业化、餐厨废弃物资源化利用和无害化处理、生产过程协同资源化处理废弃物、农业循环经济、循环型服务业、资源循环利用技术产业化等十大工程；“百”是指创建100 个左右的循环经济示范城市（县）；“千”是指培育千家骨干企业或园区，树立循环经济典型。截至 2015 年 6 月，国家发展改革委会同有关部门累计确定五批100 个园区循环化改造示范试点园区、六批 49 个国家“城市矿产”示范基地、五批 100 个餐厨废弃物资源化利用和无害化处理试点城市（区）及一批 40 个循环经济示范城市（县），万家企业节能低碳年度考核稳步推进，其余示范工程也在紧锣密鼓开展中，基本能完成“十百千”示范行动计划目标。随着我国资源环境约束不断强化，发展循环经济刻不容缓。同时，我国经济进入转型的新常态周期，生态文明建设上升到“五位一体”总体布局的战略层面，对循环经济发展提出了更高要求。

2. 我国农业循环经济发展的典型做法

1）安徽阜南：种养加结合推动循环型农业规模化发展

安徽省阜南县作为全国唯一农业（林业）循环经济示范县，多年来一直把循环型农业理念作为全省农业发展的重要途径，形成了政府引导、企业主导、协会（合作社）带动、全民参与的循环型农业发展格局，循环型农业产业链不断延伸，资源产出率得到有效提升。

第一，突出“减量化”原则，实现废弃资源回收利用。阜南县在农业发展过程中十分重视资源的集约节约利用，力求实现“低投入、低污染、高产出”的目标。通过大力推广农田间作套种、立体栽培和大棚反季节蔬菜种植，提高复种指数，实现土地集约节约利用。通过推广滴灌、喷灌、微喷等节水型灌溉技术，使用测土配方施肥技术，更新节能机械，使用复式作业机，实现农业生产过程资源减量化投入。进一步普及节能煤炉灶，推动农村使用沼气池和太阳能热水器，实现废弃资源的回收利用。

第二，因地制宜，构建循环型农业发展模式。阜南县在农业发展中遵循“因地制宜”原则，根据各乡镇特点构建适合的循环型农业发展模式。其中，在南部沿淮河、洪河岸边的地城、洪河桥等乡镇发展林下经济，推广林粮、林药、林菜间作，林下养羊、鸡、鸭、鹅等模式；利用蒙洼、洪洼蓄洪区的 60 万亩荒坡地、低洼地、水塘地，大量栽植杨树、杞柳，发展林下养殖、水产养殖，建成林、粮、牧、草、水产互生互存的发展模式；在北部新村、田集等乡镇，规模化培植食用菌，利用菌渣大面积种植粮食、瓜果、蔬菜，促进农民增收。

第三，夯实基础，打造循环型农业发展平台。阜南县十分重视农业配套基础设施建设，规划建设经济开发区循环型农业产业园和污水处理厂，为发展种养加综合型循环型农业模式奠定基础。积极发展苗木、花卉、水果产业，并以此为基础，利用果树树枝作为食用菌生产原料，用菌渣作为果树的有机肥料，建成年产

200 万瓶（袋）菌种的标准化菌种场和基地，实现农产品的规模化输出。

2）河北藁城：设施农业清洁生产实现减量化

近年来，藁城区蔬菜产业不断朝集约化、设施化方向发展，产量大幅提高，但化肥、农药的大量投入也造成了农业面源污染，同时由于缺乏经济适用的处理技术，产生的尾菜、秸秆等废弃物腐烂在田间地头、沟渠、路边，造成了环境污染。为推动蔬菜生产向清洁、循环、环境友好型转变，藁城区于 2012 年启动蔬菜清洁生产项目，构建设施农业的清洁生产模式。该模式以“清洁田园、清洁生产、清洁产品”为目标：产中推广环境友好技术，实现化肥投入的减量化；产后收集尾菜生产有机肥并还田，实现废弃物的资源化。通过配套技术、配建设施、农企配合等措施，建立了“资源—农产品—农业废弃物—再生资源”的循环型农业发展模式。

第一，配套技术，注重清洁生产过程。主要通过四项技术实现清洁生产过程：一是优化有机肥、无机肥用量技术，保障土壤处于清洁、良好、安全的生产状态。二是“水肥一体化”技术，主要有两种模式：一种是膜下微滴灌，经地下输水管道与棚室滴灌管网连接，在滴灌管上进行覆膜处理，使水以点滴形式滴入作物根部；另一种是膜下沟灌，蔬菜起垄定植后，在两小行之间的沟上插小竹片拱架，覆盖一层塑料薄膜，在膜下沟中浇水。三是生物技术，利用雄蜂授粉代替激素蘸花，利用丽蚜小蜂控虫（飞虱）减少农药使用，保证产品安全。四是示范应用新技术、新设备，在项目实施中，示范应用了物联网、自动放风、移动喷雾等新技术、新设备，减少用工，提高效率。

第二，配建设施，创造清洁生产环境。主要通过三项举措营造良好生产环境：一是配建堆沤池，每个蔬菜集中生产村建 2~3 个堆沤池（即尾菜秸秆收集站），每个可供 50 亩菜田秸秆存放，同时配备秸秆切碎机、装卸小铲车，便于收集装运。二是配装收集箱，在规模蔬菜园配装蔬菜残体收集箱，便于蔬菜生长期间存放整枝打杈的枝叶。三是后坡覆盖，引导扶持土墙体温室后坡覆盖，推行塑料膜覆盖或无纺布覆盖，保持生产环境的清洁。

第三，农企配合，推动资源循环利用。藁城区通过寻求与大型农企合作开发，建造了处理车间及相关原料存放场地库房。采用和配备预处理、发酵翻堆与通风等设备及技术，在 10~15 天的发酵周期内，使蔬菜废弃物达到快速腐熟，利用深加工设施设备生产有机肥，实现废弃物资源化利用。

3）黑龙江北安：全方位循环促进农业绿色化发展

近年来，黑龙江省农垦北安管理局以发展绿色食品为切入点，大力发展循环型农业，并取得一定成效。其具体做法是以农牧业废弃物资源化利用为重点，推进两种现代循环型农业发展模式，构建五个经济环。

第一，推进两种循环型农业发展模式。一是有机种养加销循环农业产业模式，包括有机种植、有机养殖、有机果菜及有机肥加工、有机肥改造农田、冷链配送系统、产品直销终端系统等产业链条。二是农业秸秆能源转化循环利用模式，包括秸秆固体燃料加工、生活供气、集中供暖、烘干玉米、秸秆发电等产业链条，将生物质能源产业引入整个农业生产系统的循环路径中，寻求农业废弃物的能源化综合利用途径。

第二，构建五个经济环。一是有机种植环：以农作物秸秆、畜禽粪便为基料生产有机肥返回到农田中，年可处理秸秆和粪便 50 万吨，生产有机肥 20 万吨。二是生态养殖环：以尾山农场为代表，创新棚室蚯蚓养殖温床等生产技术，实现高寒地区牛粪养蚯蚓、蚯蚓养蛋鸡，年可消耗牛粪 2000 立方米，养殖蛋鸡 5000 只，生产鸡蛋 130 万枚。三是林下经济环：开展林下种植、养殖等立体复合生产经营，将秸秆作为基料种植蘑菇，利用废弃料为居民供热，炭灰作钾肥返回农田，促进森林生态良性循环。四是有机食品加工环：工业废弃物经过加工，形成产品或有机肥料循环到农业生产中，使有机食品加工产业链条不断延长。五是清洁能源环：推广农作物秸秆饲料化、基料化、肥料化、燃料化、原料化利用方式，将秸秆转化成清洁能源。

3. 我国工业循环经济发展的典型做法

改革开放 40 多年以来，我国经济的持续快速发展不断刺激着工业化进程的速度，不可避免地导致了资源的过度消耗和生态环境质量的下降。而我国自然资源禀赋较差，制造业又是资源消耗和环境污染大户，使资源环境问题逐渐成为制约制造业发展的主要瓶颈。因此，大力发展循环经济，促进资源高效循环利用，从根本上缓解资源环境约束矛盾，已成为我国制造业的主要发展趋势。近年来，随着循环经济理念在行业中普及，我国制造业在发展循环经济实践中形成了一些可资借鉴的经验。

1）积极推行清洁生产

清洁生产将污染整体预防战略应用于整个生产过程中，通过不断完善管理和推动技术进步，从源头上减少污染物排放，降低对生态环境的负面影响，提高资源能源的利用效率。可以说，实施清洁生产是推动我国制造业走新型工业化道路的重要手段。

自我国 2003 年实施《中华人民共和国清洁生产促进法》（简称《清洁生产促进法》）以来，各省市不断完善与此相关的配套政策，如江苏省先后出台《关于切实做好建设项目环境管理工作的通知》《关于加快推进生态省建设 全面提升生态文明水平的意见》等政策法规，为企业开展清洁生产创造良好的宏观制度环境。同时，各省区市加强清洁生产资金引导，环保专项资金优先用于清洁生产项目或设立清洁生产专项资金，并且用于推广清洁生产的资金数额逐年增加；组织企业实施清洁生产审核，积极组建清洁生产审核咨询机构，重点针对污染较重的企业进行审核，加强清洁生产方案实施的监督检查；推动清洁生产技术进步，根据国家有关部门发布的行业清洁生产评价指标体系、行业清洁生产标准和《国家重点行业清洁生产技术导向目录》等，找出企业清洁生产过程中存在的不足，不断加强清洁生产推广力度和科研力度。通过一系列清洁生产措施，使企业在达到节能减排目标的同时，取得明显的经济效益。

2）努力构建生态工业园区（基地）

在我国资源、环境问题日益凸显的情况下，产业向生态化转型已成为推动社会可持续发展的重要着力点，而产业集群作为实现产业生态化的重要载体，在促进我国区域循环经济发展方面发挥着关键作用。打造生态工业园区（基地）已成为促进我国制造业循环经济发展的主要途径之一。

目前，我国发展生态工业园区主要有两种途径：一是在传统工业园区的基础上进行生态化和循环化改造；二是在园区建设初期就十分注重产业生态化发展方面的规划设计，高标准打造生态工业示范园区。两者的共同点是通过构建资源回收利用体系，以及引入关键补链企业、延伸和完善特色产业链等措施，实现产业循环和可持续发展。以长春汽车经济技术开发区为例：一方面，通过完善资源回收与综合利用体系，建立包括废旧金属、工业废液、工业固体废弃物及中水回用在内的综合利用公司，实现对工业废铝屑、废硫酸、废水等资源的回收利用；另一方面，基于开发区内现有的资源回收及综合利用体系，进一步开展水资源、能源及粉煤灰综合利用相关研究，并以大唐长春第三热电厂为核心，引入水泥公司、垃圾电站等补链企业，实现了资源与能源的综合利用。通过以上两方面的集成，形成构建生态工业园区的总体框架。

3）大力发展再制造产业

再制造产业是指基于产品的整个生命周期理论，运用先进技术和手段对即将结束生命周期的产品进行修复与改造，从而达到恢复或提升产品性能的目标。大力发展再制造产业，不仅是推动制造业循环经济发展的关键环节，也是我国建设资源节约型、环境友好型社会的必然选择。

我国再制造业以产品生命周期评估理论为基础，以堆焊技术、热喷涂技术、激光熔覆等先进表面工程技术为支撑，在恢复并提升产品性能的同时，充分体现了节能、节材和环保的思想。随着再制造业在国家层面上获得重视和认可，国务院有关部门与地方政府不断加大对关键、共性项目研发的经费支持力度，并将绿色再制造业纳入各省区市发展规划中，通过资金扶持等多种措施壮大再制造产业规模。目前，我国再制造业产品主要涉及汽车发动机、机床、工程机械、船舶等产品及相关零部件，并先后形成了中国重汽集团济南复强动力有限公司、玉柴再制造工业（苏州）有限公司、山东能源机械集团大族再制造有限公司等一批国家级再制造示范试点单位，这些示范试点单位通过建立绿色回收体系对废旧设备进行回收，并运用先进技术与设备对其进行再制造，实现了循环经济产业链的延伸，为进一步推广实施装备产品再制造起到了良好的示范带动作用。

三、我国循环经济的问题与趋势

（一）我国循环经济发展存在的主要问题

在国家“十百千”示范行动和地方政府、园区、企业的积极配合下，我国循环经济逐步走向规模化、产业化、市场化的发展轨道，资源产出率、能源产出率不断提高，工业“三废”和再生资源回收利用率逐步提升，2011 年以来基本完成“十二五”规划提出的单位国内生产总值能源消耗降低和化学需氧量、二氧化硫、氨氮、氮氧化物等主要污染物排放总量减少的目标，发展循环经济对转变经济增长方式、优化资源能源利用效率的作用明显增强。但是，目前我国经济进入新常态发展阶段，生态文明建设提升到战略新高度，对发展循环经济提出了更高要求。同时，我国循环经济发展至今，还存在区域和发展领域分布非均衡性、经济不循环和循环不经济现象突出、产业化和市场化水平较低等问题。

1. 循环经济发展存在非均衡性

我国循环经济发展的非均衡性主要体现在各级政府支持力度不协调、区域发展和领域分布不平衡上。进入“十二五”以来，各级政府在循环经济上呈现“国家热、地方冷”的发展态势。国家层面高度重视循环经济发展，加大资金投入引导城市、园区、企业开展节能减排、资源综合利用、先进适用技术改造等行为，2013 年中央财政用于节能环保领域的支出总额达 1803.93 亿元（含中央本级支出 100.26 亿元，对地方转移支付 1703.67 亿元），列入园区循环化改造示范试点、“城市矿产”示范基地的都能获得中央几千万元甚至上亿元的资金支持。而地方层面对循环经济的重视力度不够，除了国家级循环经济示范试点外，大部分省区市均有开展省级循环经济试点工作，但相对而言试点企业或园区获得的政府资金投资大多只有几十万元，且主要分布在大型企业，中小企业基本没有获得循环经济专项资金支持的机会。更有部分省区市在经济下滑期间，为了追求经济发展忽视投资项目的环境影响评估、能源技术评价考核，对投产企业的能源消耗和污染排放放松管制，造成资源环境危机。

在区域发展不平衡上，因各省区市在资源环境禀赋、经济发展水平、政府重视力度、节能环保产业发展等方面存在差异，基本呈现东部地区发展水平较高、中部地区次之、西部地区发展水平较低的分布态势，地区和省域范围内也出现发展不均衡现象。在发展领域分布上，循环经济主要体现在两个方面的不平衡性：一方面，国家级和省级循环经济示范试点基本在工业范畴，推动了工业领域节能减排和资源综合利用，而农业、服务业领域示范试点单位较少，社会层面的资源回收体系建设严重滞后。另一方面，国家“十二五”规划将单位GDP能耗和化学需氧量、二氧化硫、氨氮、氮氧化物等污染物排放量列为各级政府的约束性指标，在一定程度上引导着地方政府将工作重心和资金扶持投入到节能减排上，节能减排等主要指标明显转好，而工业“三废”、矿产资源、农林废物和再生资源综合利用指标提升不明显，资源综合利用进程相对缓慢。

2. 经济不循环和循环不经济现象突出

我国在推进循环经济发展过程中，还存在着经济不循环、循环不经济等问题，以及地方政府和园区、企业的政绩工程、形式主义现象，影响了循环经济正常发展。

第一，经济不循环主要体现在经济发展的传统路径依赖性依然存在。部分传统产业企业依靠资源廉价、劳动力成本低、市场需求量大等优势条件，依然能够取得较好的经济效益，但循环经济发展意识淡薄，技术工艺落后，设备耗能大，污染设施建设不足。部分中小企业因循环经济改造投资大、短期效益不明显等因素，仍然沿袭传统生产方式，造成的资源浪费、水污染、大气污染、土地污染等现象根深蒂固且不可逆转。

第二，循环不经济、节能不节钱现象严重。部分企业、园区作为循环经济的发展主体，开展了一系列循环经济工作，在能源节约利用、资源综合利用、水资源循环利用、生态环境保护与修复等方面取得了良好的生态效益，但自身盈利能力欠缺，循环经济发展带来的经济效益明显不足，有些甚至亏损，大多只能依靠政府政策优惠和资金扶持维持生计，这种发展模式难以长期持续下去。

第三，部分地方政府政绩工程和园区、企业形式主义现象存在。“十二五”以来，国家对于列入循环经济“十百千”示范行动的企业、园区和县市给予了大量资金扶持，各省区市也制定了循环经济专项资金管理办法，对循环经济项目和资源综合利用企业给予一定的资金补助和税收减免。在政府资金引导和政策优惠的大力推动下，部分地方政府、园区、企业为了争取国家、省级项目和资金支持，在循环经济发展基础薄弱、项目实施困难、条件不够成熟的情况下，对申报材料进行过度包装，项目申报成功后却无实际项目落地实施，致使大量政府资金闲置，降低了政府专项资金配置效率。

3. 循环经济产业化和市场化程度较低

目前，我国全面推进循环经济发展，并已逐步向规模化、产业化、市场化方向迈进，但总体来看，我国循环经济全产业链尚未形成，企业还没有成为循环经济发展主体，中介组织的桥梁作用发挥不够，市场运行机制亟待完善。

第一，产业纵向延伸不足，生态产业链条不够完善。产业链断层、动脉产业与静脉产业断裂等现象普遍存在，致使产业上、中、下游无法形成物质、信息运转有序、协调统一的发展态势，废物资源利用效率不高。资源循环利用产业发展还处于粗加工的低端水平，部分地区的回收和加工废旧金属、电器、塑料、汽车、报纸等资源利用企业由于生产方式落后、管理体系不完善、技术水平不高、规模小且分散等因素，随意堆放废旧物资，产生的废水等污染物未经处理直接排放，造成生态环境的二次污染。

第二，产业横向耦合能力较弱，循环链接体系还未形成。在产业布局方面，工业园区和县域区域的产业集中度不高，难以发挥产业集群效应，工业系统内的物质、信息、能量的流动成本高。受地域限制，污水处理系统、废气处理设施、固体废弃物回收网络、公共信息服务平台等基础设施共享难度较大，难以实现基础设施一体化、环境保护一体化、管理服务一体化。在产业结构上，部分地区忽视工业发展的规划性、全局性、关联性和协同性，各产业以单独个体的形式存在于工业系统中，无法与其他产业相互配套、互为补充，所产生的废弃物资源由于数量较少，很难在本区域范围内实现循环利用。

第三，企业尚未真正成为循环经济发展主体。《循环经济促进法》提出，发展循环经济“应当遵循统筹规划、合理布局，因地制宜、注重实效，政府推动、市场引导，企业实施、公众参与的方针”。明确企业是发展循环经济的实施主体及其主导地位，只有企业真正成为循环经济发展主体，循环经济产业化和市场化才能进入正常轨道。目前，我国循环经济发展仍然处于政府主导模式，企业循环生产方式和公众绿色生活方式的推动过多依赖于各级政府的激励性政策与强制性约束，以企业家精神和经济利益为主的内生动力机制还未形成，制约了循环经济的市场化进程。

第四，中介组织的桥梁作用较为薄弱。循环经济中介组织承担着政府职能转移、市场服务功能和公众利益诉求等多项职责，其协调与服务功能的发挥是促进循环经济向市场化、产业化、规模化方向发展的重要手段。目前，循环经济中介组织主要集中在环境保护方面，节能、资源综合利用等方面的组织数量少、规模小，所履行的职能十分有限，不能满足目前循环经济市场快速发展的需要。同时，中介组织在“政府—企业—中介组织”三元治理结构中仍旧存在角色定位的越位、缺位及错位等问题，在获取和运用资源、协调关系、发挥作用等方面也显得不够成熟。

（二）我国循环经济发展中的制约因素

1. 生态化的技术创新系统尚未形成

新形势下，生态化的技术创新是推动循环经济发展的核心动力。虽然我国在循环经济发展过程中陆续出台了一系列关于重点行业节能、工业固体废弃物综合利用、环保治理、资源节约、产业共生链接等方面的先进适用技术设备目录，对推动循环经济发展起到至关重要的作用。但是，目前我国循环经济技术创新能力仍然不足，生态化的技术创新系统尚未形成，在一定程度上导致企业循环经济行为所带来的经济效益不高，制约了循环经济发展的内生动力机制的形成。

第一，企业循环经济技术研发水平较低。目前，我国企业从事循环经济科技研发与技术管理的人员数量较少、能力较差，在源头减量、生态设计、循环利用、再制造、零排放、产业共生链接等关键共性技术领域还存在许多瓶颈，致使出现“节能不节钱”、资源精深加工能力差、再生资源低值化利用等问题。同时，我国循环经济制造业技术研发成果较少，自主创新的知识产权不足，导致目前大多先进适用的技术装备依赖进口，成本较高且推广应用难度较大。

第二，循环经济技术成果转化、推广应用能力较弱。在企业循环经济技术研发水平较低、技术孵化和成果转化平台尚不健全的条件下，高校、科研院所等科研机构在国外循环经济技术的引进、消化、吸收能力方面普遍偏弱，成果转化中存在“重成果、轻转化”的现象，导致循环经济技术成果转化能力较低。同时，先进适用的资源综合利用、绿色制造、节能减排、清洁生产、再制造等行业共性技术推广应用平台缺乏，企业在循环经济技术设备改造或更新过程中需要投入大量成本，但短期经济效益并不明显，影响了循环经济技术的推广应用。

第三，循环经济技术产学研合作模式尚未形成。我国在循环经济技术产学研合作上，运行机制还不健全。在研发机构方面，已建立的循环经济工程实验室、技术研发中心、工程研究中心和质量检验检测中心等科研服务机构较少，制约产学研合作模式的形成。在产学研合作的目标导向上，高校和科研院所重视技术前沿性和研发深度，忽视市场需求与推广应用成本，而企业较为注重技术推广成本、市场需求度和产品投资回报率。在利益机制上，产学研合作的风险分担、利益分配与共享机制不够完善，难以形成长期稳定的合作关系。

2. 系统化的制度政策体系不够完善

自 2009 年《循环经济促进法》正式实施以来，我国陆续制定了循环经济发展的一系列法律规章和相关政策，制度政策体系初步建立并不断优化。但综合来看，循环经济制度政策不够完善，相关法律法规和制度政策协调性不足，难以形成系统化的有机整体。

第一，《循环经济促进法》强制性不足，规定不够明确。从《循环经济促进法》的具体内容来看，大多属于原则性规定，条款内容较为宽泛，在执行过程中容易出现执法不明、规定不清、效果偏差等问题。从规定的实施主体来看，条款内容对企业开展循环经济的责任和义务规定较多，而对公众这一微观主体在发展循环经济过程中的责任规定很少，不利于培养公众绿色生态意识。同时，条款规定了各级政府循环经济发展综合管理部门即国家发展改革委是主管循环经济工作的部门，但现实工作中工业领域节能和资源综合利用工作属于经济系统管辖，再生资源回收工作属于商贸部门管辖，强制性的清洁生产和污染治理工作属于环保部门管辖，水资源节约集约利用工作属于水利部门管辖，建筑、国土、农业、林业等相关部门也分别管理部分工作，多元化的管理主体导致循环经济工作权责不清、效率低下。

第二，配套法律法规协调性较差。一方面，《循环经济促进法》部分内容与现有的《中华人民共和国环境保护法》（简称《环境保护法》）、《清洁生产促进法》、《中华人民共和国大气污染防治法》（简称《大气污染防治法》）、《中华人民共和国固体废物污染环境防治法》（简称《固体废物污染环境防治法》）产生冲突。《循环经济促进法》强调的减量化优先原则与其他法律强调的末端治理原则相冲突，《循环经济促进法》规定的“国务院循环经济发展综合管理部门负责组织协调、监督管理全国循环经济发展工作”与《清洁生产促进法》规定的“国务院清洁生产综合协调部门负责组织、协调全国的清洁生产促进工作”不一致。另一方面，目前除深圳、辽宁、上海等部分省市已制定地方层面循环经济法规外，仍有部分省市还未启动循环经济立法工作，与国家层面《循环经济促进法》相配套的地方法律规章体系尚未形成，细化的权责、规定条款还未出台，不利于推动循环经济工作开展。

第三，循环经济市场制度建设相对滞后。规范的循环经济市场制度是企业开展循环型生产经营活动获取必要市场利润的重要手段，是发挥市场在资源配置中起决定性作用的根本保障。虽然十八大报告提出“加强生态文明制度建设”，但实际工作中循环经济市场制度建设较为滞后。资源性产品价格和税费改革步伐缓慢，生态补偿制度建设中地方利益协调机制还不够完善、推广力度不大，节能量、碳排放权、排污权、水权等产权交易市场还处于试点阶段，循环经济市场制度对推动循环经济发展和生态文明建设的作用还远远不够。

第四，循环经济政策体系有待完善。在财税政策上，鼓励再生资源回收的财税政策不够健全，自再生资源回收企业增值税执行以来，税赋增加幅度较大，不利于正规再生资源回收企业发展；鼓励废物资源利用的财税政策与之前政策相比，支持力度有所降低，在办理程序上依旧繁杂。在产业政策上，政府对节能环保与资源综合利用产业发展的财政投入比例仍然偏低，淘汰落后产能、限制黏土砖制品生产使用等产业政策落实不到位。在金融政策上，银行对循环经济示范企业、循环经济项目并没有实质性的金融支持，仍然以物资抵押、企业实力的考核方式为主，绿色信贷和金融创新力度不足。

3. 多样化的监督管理手段较为缺乏

目前，我国循环经济监督管理主要以定期检查、网络监控、定点监督、税收减免、资金扶持等形式为主，初步形成了对节能减排重点企业的全程网上监控和资源综合利用企业税收减免的管理方式，但对城市、园区、中小企业的监督管理有待强化。

首先，循环经济统计评价考核体系不够完善。从指标数据来源情况看，以资源产出率为核心的循环经济评价指标体系尚未建立，除少数资源产出率统计试点城市外，大部分省区市没有资源产出率指标的统计办法和数据台账，无法切实反映区域循环经济发展成效。从指标体系设计上看，2007 年国家发展改革委、国家环境保护总局和国家统计局发布了《关于印发循环经济评价指标体系的通知》，从宏观和工业园区层面列出循环经济评价指标体系，但循环经济经历了十多年的发展，一些指标的含义、数据来源、统计口径发生了变化，还有部分循环经济核心指标未纳入指标体系之中，针对企业层面的循环经济评价指标体系尚未建立。从指标考核情况上看，我国还未将资源产出率、工业固体废物综合利用率等循环经济核心指标纳入国民经济和社会发展规划的约束性指标中，对资源利用效率的考核力度不够。

其次，城市、园区和农村的配套基础设施建设滞后。城市领域还没有建立完善的再生资源回收体系，城市生活垃圾、餐厨垃圾、固体废弃物等资源回收渠道少、分类困难、利用率低，可再生资源废物市场和区域性废物处理中心没有形成规模，重点区域性再生资源集散市场及跨区域再生资源回收网络尚未建立，废旧电池、小型电子产品等危险固体废物资源难以回收，容易造成环境污染和安全隐患。园区领域公共基础设施建设严重滞后，大多数园区受传统招商引资观念束缚和资金经费紧张困扰，环保基础设施较为薄弱，“先项目投产、后环保设施建设”的现象普遍存在，致使较早投产生产项目所排放的污水、固体废物无法处置，增加企业生产运行成本。同时，园区基础设施缺乏统一规划部署，建设的污水、固体废物处置设施仅从现有投产项目角度考虑，缺乏长期规划设计，导致出现“项目投产、设施建设、项目投产、设施再建设”的重复循环现象，增加入园企业的环保设施建设和运营成本，不利于园区建设的集聚及集约效应的有效发挥。农村领域受布局较为分散、资金缺乏、传统观念束缚等因素影响，农村垃圾的收集、中转、清运和回收体系尚未建立，生活污水处理和配套管网建设严重滞后。

最后，规范化的标准体系和常态化的监督体制尚未形成。一方面，我国缺乏城市、行业、企业的循环经济相关标准与管理办法，节能、资源综合利用产品标准尚未制定，再生资源回收、拆解、利用和再制造质量等管理办法不够完善，农业、工业和服务业的各细分行业循环经济发展标准尚未制定，一定程度上制约了循环经济的规范化发展。另一方面，常态化的监督管理力度不够，对中小企业节能减排、废物资源综合利用、污水集中处理达标排放等监督不足，部分地区对生产和使用实心黏土砖的监督管理缺失，对于未能完成节能减排目标的城市、园区、企业没有建立奖惩细则，废物资源综合利用指标尚待纳入城市、园区和企业的监督管理范畴。

4. 绿色化的文化理念和理论研究基础相对薄弱

一方面，全社会尚未树立绿色化的文化理念。我国一些地方政府迫于经济增长和就业的巨大压力，以追求物质财富增长为核心的发展观尚未根本转变，绿色 GDP 评价考核办法还没完全建立，导致在地区经济发展规划、产业结构调整、项目引进等过程中，常常将生态效益置于经济效益之后，致使一些地方仍然沿袭传统的工业化模式。部分企业管理、技术、一线人员循环经济理念意识淡薄，往往看重短期经济利益，缺乏长远视角和企业家的社会责任意识。大部分公众还未树立起绿色消费、低碳生活的观念，生活垃圾分类处理、生活用水用电节约、包装袋重复使用等行为较难推广，仍存在过度消费、攀比之风、奢侈浪费等现象。

另一方面，我国循环经济理论研究和基础教育较为薄弱。在理论研究上，循环经济是一个跨学科理论体系，涉及环境工程、资源科学、生态保护、过程工程、绿色制造、经济管理等众多理论知识。总体上我国高校和科研院所对循环经济的重视程度不足，并没有将其作为一个基础性的支柱学科进行研究，大多作为机械制造、化学化工、材料科学等学科的一个组成部分，仅处于边缘地位。同时，大部分高校和科研院所没有设立循环经济研究中心、工程研究室、重点实验室等研发平台，制约了循环经济理论发展。除此之外，我国循环经济基础教育力度不够，相关技术、管理人才缺乏，基础教育、职业教育、高等教育中有关循环经济理论知识的课程较少，还未建立技术先进、管理规范、示范作用强的循环经济教育示范基地。

（三）我国循环经济发展趋势

1. 优化循环经济内在结构

在循环经济的试点带动和全面推进阶段，过多依赖政府的优惠政策，形成的政府主导循环发展模式导致企业循环经济内在动力不足，难以成为循环经济发展主体，影响循环经济的产业化和市场化进程。在新常态经济转型和生态文明建设的宏观背景下，要立足于创新驱动，不断增强技术创新在推动循环经济发展中的引领作用，增强体制机制创新的推动作用，激发企业、政府、公众等循环经济实施主体的创新活力，优化水资源、土地资源、矿产资源、资金、人力、科技等要素的配置效率，不断提升资源环境承载能力，通过内在结构优化推动循环经济由全面推进阶段向创新驱动阶段演进。

2. 强化循环经济价值功能

全面开展循环经济知识创新、科技创新、产品创新、产业创新、文化创新和其他创新方式，集中优势力量突破一批循环经济共性关键技术，推广一批循环经济先进适用技术，完善有利于循环经济发展的制度政策环境，强化循环经济价值功能作用。一方面，依托创新驱动原始资源向节约化、集约化利用方式转变，推动再生资源由低值化利用向高值化利用方向发展，推进多产业、多领域耦合共生，协同提升循环经济发展的经济价值、生态价值和社会价值。另一方面，依托创新驱动全面构建起循环型农业、循环型工业、循环型服务业和循环型社会的大循环体系，逐步建立循环经济发展的空间格局、产业结构、生产方式和生活方式，增强循环经济促进经济转型升级的功能，发挥循环经济推进生态文明建设的作用。

3. 扩大循环经济发展规模

强化创新要素的协同，全面总结提炼循环经济示范试点的先进经验和典型模式，加快突破与推广一批循环经济先进适用技术，建立创新驱动循环发展的制度环境和政策法律体系，培养一批循环经济领域的高层次技术、管理人才，不断提高创新资源配置效率，推动循环经济改造升级和能力提升。立足创新驱动循环经济发展，在农业、工业、服务业各产业全面推广循环经济发展模式，在城市、园区、社区、企业各层面广泛实施循环经济工程项目，在生产、流通、消费各环节形成循环经济高效运行机制，不断扩大循环经济发展规模。

第三章　我国省域循环经济利益相关者的博弈模型构建与博弈行为分析

节能减排、保护环境已成为我国经济社会可持续发展的必然选择，循环经济也成为国际社会广为推崇和实践的新型经济发展模式。在博弈视角下，对发展循环经济过程中的参与主体进行研究，构建基于政府、企业、公众三方的博弈模型，深入分析三者的利益诉求、行为指向及博弈策略，以此提出如何处理三者之间的利益关系，为我国省域循环经济的良性发展提供理论依据和政策建议。

第一节　我国省域循环经济博弈主体分析

发展循环经济是一项系统工程，需要中央、地方各级政府、企业、社会公众的共同努力。然而，在循环经济实践中，各主体不同的利益诉求必然导致利益博弈[47]。从循环经济行为主体的视角审视，政府、企业、公众是循环经济发展过程的三个核心利益主体，三者在发展循环经济过程中显示出各自不同的特点和作用，因此主体间的利益也不一致。三者之间形成复杂的利益关系，见图 3-1。

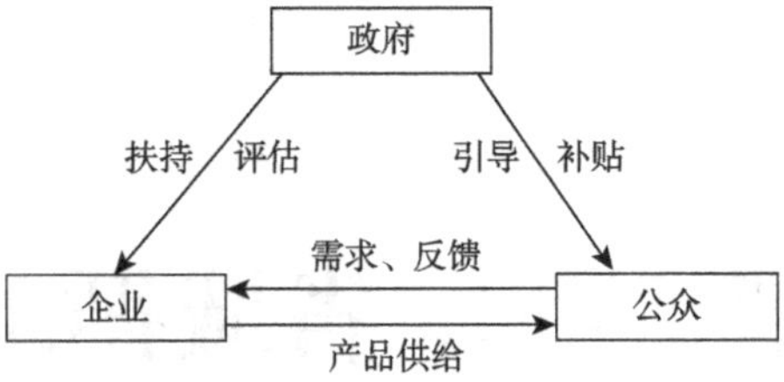

图 3-1 政府、企业、公众三者利益关系

一、政府主体分析

作为循环经济宏观责任主体的政府，在发展循环经济上负有不可推卸的责任，追求的是社会整体效益最大化，即经济效益、社会效益、生态效益和环境效益。政府作为社会公众利益的代言人，在循环经济发展初期，扮演着扶持者的角色。政府为了使全社会的经济、社会、生态效益最大化，必须制定相关政策进行引导，因此，它对循环经济的支持和推动扮演着重要角色。政府有义务对任何违反、破坏规则的个人和团体实施惩罚，约束企业与公众在发展循环经济过程中的不作为行为，充分运用行政、法律、经济等手段进行宏观调控，从生产到消费各个领域，倡导新的行为规范和行为准则，积极引导企业与公众共同推动循环经济发展[48]。

二、企业主体分析

作为循环经济微观责任主体的企业，追求的则是自身利益最大化，在此驱使下企业更强调其经济效益，不可避免地忽视其他效益。"理性经济人"作为西方经济学的一个基本假设，假定人都是利己的，而且在面临两种以上选择时，总会选择对自己更有利的方案。由此可见，"理性经济人"理论以个体利益最大化为目标，这也成为大多数企业发展的指导思想，企业在发展循环经济过程中亦是如此。企业由于受利益驱使，往往重经济利益、轻环境效益。企业在清洁生产的选择上，非清洁生产利润若高于清洁生产利润，企业则会选择非清洁生产。企业作为社会产品生产者和污染物制造者，最大限度追求经济利益，而引进新技术、处理废弃物及实行清洁生产，将使企业的成本增加，因此企业采取节能减排措施的积极主动性不强烈。此外，生产者责任和污染者付费制度等没有得到企业认可，也没有真正实施或推行，使得企业污染成本低、代价小，企业容易冒险排污或以能耗物耗获取经济效益。

三、公众主体分析

作为循环经济重要参与者的公众，追求的是自身效用的最大化，这里的公众主要包括个人和社会组织。个人指消费者个体，是循环经济系统中的主要环节；社会组织指各类以推动循环经济发展为宗旨的团体。传统的消费观和价值观，以追求物质享受为重点，讲究高消费的生活，人们的思维方式未从“人类中心主义”向“生态中心主义”转变，生活方式也未由“过度消费”向“绿色消费”转变。公众是循环经济的积极参与者，而意识障碍和能力障碍制约了公众参与循环经济的程度，这种障碍主要表现在意识观念落后和行为模式滞后。公众既是发展循环经济、绿色经济的享有者，共享其发展成果；公众又是发展循环经济、绿色经济的监督者，监督企业排污、能耗等行为；公众还是发展循环经济、绿色经济的参与者，选择绿色消费、低碳消费等生活方式。由此可见，在循环经济发展过程中，公众能够推进消费结构的升级换代，逐步形成新的经济增长点，从而促进经济、社会和生态的全面、协调、可持续发展。

第二节　我国省域循环经济博弈模型构建

基于博弈视角，根据政府、企业、公众等利益相关者的博弈行为选择，构建我国省域循环经济博弈模型，并进行假设、描述、分析、评价等，借此探究我国省域循环经济的各方博弈情况。

一、模型基本假设

我国省域循环经济发展是一个由多方主体参与的复杂动态博弈过程，为简化分析，提出下列假设。

（1）博弈的参与主体简化为政府、企业、公众等三个核心利益相关者，三者都是具有学习能力且追求各自利益最大化的“理性人”。

（2）政府制定的循环经济发展政策具有前瞻性、战略性和稳定性，一般不会发生重大调整。

（3）该模型是不完全信息的动态博弈模型，博弈顺序是政府、企业、公众。首先，由政府支持和推动循环经济发展规划及政策；其次，企业根据政府引导、市场需求情况，结合企业自身实际，选择是否发展循环经济；最后，公众选择是否消费循环经济型产品，是否参与发展循环经济。

二、博弈过程描述

（一）政府的两种选择策略：扶持策略和不扶持策略

政府作为循环经济规划方案的制订者和方案实施的监督者，其扶持策略包括两种情形：第一种是政府进行宏观经济调控，调动一定的人、财、物对服从政府整体循环经济规划而积极配合发展循环经济的企业进行经费扶持与政策支持，对积极主动参与循环经济的公众进行正向激励；第二种是政府作为循环经济的维护者，对企业和公众行为进行跟踪指导、动态监测，对不利于政府循环经济方案实施的行为进行负向激励，采取限制或惩罚措施，从生产到消费各个领域，倡导新的行为规范和行为准则，积极引导企业与公众共同推动循环经济发展。

不扶持策略，即政府不为企业和公众提供扶持与激励，而是进行循环经济建设失败后的治理和改善。政府作为公众利益的代表，要对环境治理、生态保护和政府形象承担更多的责任，循环经济建设失败后的治理与改善成本均远远高于对循环经济的扶持和激励。

（二）企业的两种选择策略：发展策略和不发展策略

发展策略，即企业服从政府整体循环经济规划，积极发展循环经济。企业对自身产品开发进行相应调整、分类发展，以技术创新推动企业优先发展循环经济。这种行为有利于提高资源与环境效率，符合政府整体循环经济蓝图要求，受到政府推崇，会享受政府提供的一些扶持和奖励，如优惠政策或经费补贴。

不发展策略，即企业封闭保守，产业自成一派，继续原来低效的传统经济建设，资源利用效率低，废弃物排放多，环境污染大。这种情况会给政府整体循环经济效率带来负面作用，且与减量化、再利用、再循环的循环经济原则相悖，会受到政府的限制，也给企业整体生产力和竞争力带来挑战。

（三）公众的两种选择策略：参与策略和不参与策略

如果公众接受政府发展循环经济理念，满意企业发展循环经济方式及产品，积极主动投入参与循环经济，公众选择消费循环经济产品和对循环经济发展过程进行第三方监督与反馈，就会获得政府给予的补贴或奖励。

如果公众不接受循环经济理念，不满意企业发展循环经济方式及产品，不参与循环经济，选择与发展循环经济相冲突的行为，公众的不合作就会导致企业很难开展循环经济的具体工作，转而选择维持原有的产业模式，这种行为会影响政府扶持发展循环经济的效率和质量，阻碍循环经济产业链的健康发展。因此，循环经济发展失败会导致环境污染和生态破坏，会给整个社会造成巨大的经济损失，危及公众健康、社会稳定和环境安全，公众需要分担这种局面的治理成本，受到来自政府的限制或惩罚，从而损失一定效益。

三方博弈模型参数设置见表 3-1。

表 3-1 政府、企业与公众三方博弈模型的参数描述

参数		描述
政府补贴 S（subsidy）	S_1	政府对企业发展循环经济的补贴，包括经费投入、人员培训、绩效奖励等
	S_2	政府对公众参与循环经济的补贴，包括补助等
成本 C（cost）	C_1	企业发展循环经济的成本
	C_2	企业不发展循环经济，维持原有传统生产方式的成本
	C_3	政府不扶持情况下对循环经济建设失败所承担的治理成本
收益 R（receipt）	R_1	企业发展循环经济获得的总收益，包括短期收益和长期收益
	R_2	企业不发展循环经济，维持原有传统生产方式获得的收益
	R_3	公众选择参与循环经济获得的总收益，包括短期收益和长期收益
	R_4	政府扶持循环经济带来的福利增加，包括带来社会福利、政府声誉、公众素质等
概率 P（probability）	P_1	政府选择扶持策略的概率
	$1-P_1$	政府选择不扶持策略的概率
	P_2	企业选择发展循环经济的概率
	$1-P_2$	企业选择不发展循环经济的概率
	P_3	公众参与循环经济的概率
	$1-P_3$	公众不参与循环经济的概率

在这个不完全信息的三方动态博弈过程中，任意一方的收益会受到其余两方策略选择的影响，三者做出的决策很难保证能达到各自利益的最大化，具有学习能力的三个理性参与人不断地进行动态调整，从而使博弈过程趋向稳定状态。政

府、企业、公众三方的博弈过程见图 3-2。

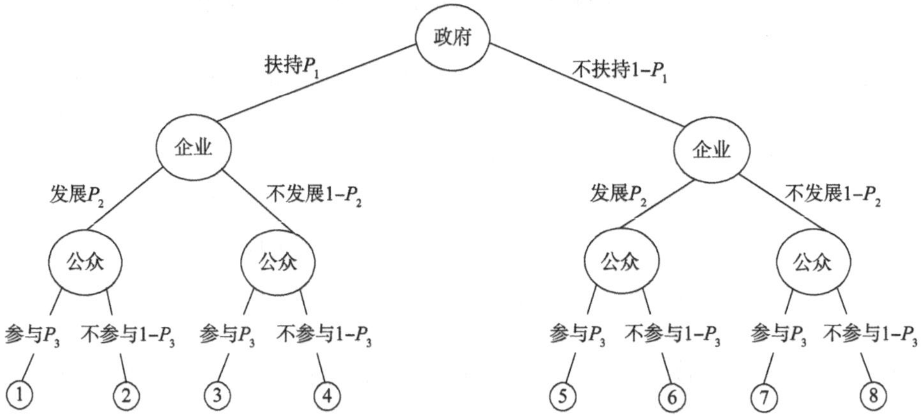

图 3-2　政府、企业、公众三方博弈过程

三、博弈模型分析

（一）政府、企业、公众三方的博弈策略及收益分析

政府、企业、公众三方博弈的过程中会形成八种策略组合，通过对不同策略的分析，可以得出政府、企业、公众三方在八种策略下的收益矩阵，见表 3-2。

表 3-2　政府、企业、公众三方在八种策略组合下的收益矩阵

序号	策略组合	政府收益	企业收益	公众收益
1	（扶持、发展、参与）	$R_4-S_1-S_2$	$R_1-C_1+S_1$	R_3+S_2
2	（扶持、发展、不参与）	$-S_1$	$-C_1+S_1$	0
3	（扶持、不发展、参与）	$-C_3-S_2$	R_2-C_2	0
4	（扶持、不发展、不参与）	$-C_3$	$-C_2$	0
5	（不扶持、发展、参与）	0	R_1-C_1	R_3
6	（不扶持、发展、不参与）	0	$-C_1$	0
7	（不扶持、不发展、参与）	$-C_3$	R_2-C_2	0
8	（不扶持、不发展、不参与）	$-C_3$	$-C_2$	0

（二）博弈模型均衡分析

通过对政府、企业、公众的不同策略组合下收益矩阵的分析，可以得出政府、企业、公众的总效用函数，分别用 U_1、U_2、U_3 表示。

政府的总效用函数为

$$
\begin{aligned}
U_1 = P_1\{P_2[P_3(R_4 - S_1 - S_2) + (1-P_3)(-S_1)] + (1-P_2)[P_3(-C_3 - S_2) \\
+ (1-P_3)(-C_3)]\} + (1-P_1)\{P_2[P_3\times 0 + (1-P_3)\times 0] \\
+ (1-P_2)[P_3\times(-C_3) + (1-P_3)(-C_3)]\}
\end{aligned} \tag{3-1}
$$

对政府的总效用函数关于 P_1 求偏导数可得

$$
\frac{\partial U_1}{\partial P_1} = P_2P_3R_4 - P_2S_1 - P_3S_2 \tag{3-2}
$$

企业的期望效用函数为

$$
\begin{aligned}
U_2 = P_2\{P_1[P_3(R_1 - C_1 + S_1) + (1-P_3)(-C_1 + S_1)] + (1-P_1)[P_3(R_1 - C_1) \\
+ (1-P_3)(-C_1)]\} + (1-P_2)\{P_1[P_3(R_2 - C_2) + (1-P_3)(-C_2)] \\
+ (1-P_1)[P_3(R_2 - C_2) + (1-P_3)(-C_2)]\}
\end{aligned} \tag{3-3}
$$

对企业的总效用函数关于 P_2 求偏导数可得

$$
\frac{\partial U_2}{\partial P_2} = P_1S_1 + P_3(R_1 - R_2) - C_1 + C_2 \tag{3-4}
$$

公众的总效用函数为

$$
U_3 = P_3\{P_1[P_2(R_3 + S_2) + (1-P_2)\times 0] + (1-P_1)[P_2R_3 + (1-P_2)\times 0]\} + (1-P_3)\times 0 \tag{3-5}
$$

对公众的总效用函数关于 P_3 求偏导数可得

$$
\frac{\partial U_3}{\partial P_3} = P_1P_2S_2 + P_2R_3 \tag{3-6}
$$

第三节　我国省域循环经济博弈情况分析

在我国省域循环经济发展过程中，应当根据利益相关者的博弈行为模型，针对性地采取对策措施，充分发挥政府、企业、公众的积极性和主动性，推动“大循环、中循环、小循环”系统的构建发展。

一、政府是发展循环经济的主导

由式（3-2）可知，只有当$\partial U_1 / \partial P_1 > 0$时，即$P_2P_3R_4 - P_2S_1 - P_3S_2 > 0$时，政府才会采取扶持政策。企业选择发展循环经济的概率P_2，公众选择参与循环经济的概率P_3，政府扶持循环经济带来的社会福利增加R_4，以及政府对企业发展循环经济和公众参与循环经济的补贴S_1、S_2，都是政府是否选择扶持政策的影响因素。

政府发展循环经济的效用U_1与P_2、P_3的乘积呈正相关，与单独的P_2、P_3呈负相关，由此可以得出政府在扶持发展循环经济时，需要对企业和公众同时进行补贴和激励，即同时补贴、激励企业和公众会使政府获得循环经济成功带来的社会福利提升，若单独补贴企业或公众则不会大幅提升政府所获得的效益。同时，由式（3-2）也能得出只有当政府扶持企业获得的循环经济成效足够大时，才能弥补政府对企业和公众的补贴、激励支出。因此，政府应该重点扶持研发关键技术能力强、管理团队水平高、成果转化效益高的企业，这样才能在发展循环经济中进一步提升政府效益和社会福利，并起到对循环经济的推广示范效应。对于那些投入少、基础弱、理念落后的企业，由于对政府整体福利贡献小，得到的政府扶持力度也会较小。这与现实中大多数政府在循环经济发展实践中，对产业进行分类发展，采取“有所为、有所不为”“有所先为、有所缓为”的做法相吻合。

二、企业是发展循环经济的关键

循环经济的发展不能仅仅依靠政府的宏观调控，还需要企业和公众的全面参与和支持。企业既是社会产品的生产者，又是大部分污染物的制造者，因此企业对于整个循环经济的发展发挥着关键性作用。企业作为生产者，其生产行为将直接影响到经济运行的方式。由式（3-4）可知，只有当$\partial U_2 / \partial P_2 > 0$时，即$P_1S_1 + P_3\left(R_1 - R_2\right) - C_1 + C_2 > 0$时，企业才会选择配合发展循环经济。政府选择扶持策略的概率P_1，公众选择参与循环经济的概率P_3，企业发展与不发展循环经济获得的收益R_1、R_2，企业发展与不发展循环经济的成本C_1、C_2，都是企业是否选择发展循环经济的因素。

通过式（3-4）还可以看出，企业是否选择发展循环经济与政府对企业提供的补贴、公众参与循环经济时企业所获得的收益及企业维持原有生产方式的成本呈正相关，与企业发展循环经济成本呈负相关。政府加大企业维持传统生产方式的成本，有利于提升企业对循环经济的配合度。此外，提高循环经济支持力度、管理水平、综合效率，降低循环经济成本，有利于提高企业的总效用。

三、公众是发展循环经济的基础

公众是循环经济产品的实际消费者和体验者，政府的循环经济政策和企业的循环经济产品只能通过公众认可来完成，由此获得效益。由式（3-5）可知，公众获得总效用的大小与公众参与循环经济获得的总收益大小有关，与政府的激励力度有关。

由式（3-6）可知，只有当$\partial U_3 / \partial P_3 > 0$时，即$P_1P_2S_2 + P_2R_3 > 0$时，公众才会选择参与循环经济。政府选择扶持策略的概率P_1，企业选择发展循环经济的概率P_2，政府对公众参与循环经济的补贴S_2，以及公众参与循环经济获得的总收益R_3，都是影响公众是否选择参加循环经济的因素。

第四章　我国省域循环经济生态效益综合评价指标体系构建

构建科学合理的综合评价指标体系是区域循环经济评价的基础和前提，只有在已经构建好一套完整、科学的指标体系的情况下，才能进一步采用合适的模型方法进行定量评价。国外提出了可持续发展的区域循环经济综合评价指标体系，包括生态足迹模型、可持续经济福利指数、真实发展指标、国民经济核算指标、人类生态系统指标等[49, 50]。欧盟框定的物质流指标体系包括投入指标、消费指标、输出指标，日本从资源的投入、生产、消费及最终废弃处置等过程构建评价指标[51]。随着传统产业经济向新型循环经济的历史性转变，国外学者逐渐结合各地区、各经济领域的特色，探讨人文发展指数、主观幸福指标、环境经济综合核算体系等区域循环经济考核维度[52, 53]。

目前，对于区域循环经济发展水平的评价，国外学者将环境库兹涅茨曲线、能量平衡分析、物质流分析、生态足迹、生命周期评价、热力学分析、工业代谢分析、分类分域评价等方法，用于区域循环经济发展的实证研究、定量分析及模型构建，并在实践中运用了 Delphi 法（德尔菲法）、成对因素比较法、统计分析法等确定区域循环经济评价指标体系[54~56]。在此基础上，从实际情况出发，使用模糊综合评价法、数据包络分析法、物质流分析法、主成分分析法进行区域循环经济综合评价。在实际评价过程中，每一种方法都有自身的优点和局限性。模糊评价法是以模糊推理为主的定性与定量相结合、精确与非精确相统一的分析评判方法，在处理难以用精确数学方法描述的复杂系统问题时表现出独特的优越性；其局限性主要体现在主观性方面，影响评价的科学性，并且难以克服指标之间相关性所造成的评价信息重复的问题。数据包络分析法是一种以相对效率为基础，利用凸分析和线性规划进行评价的方法，其信息数据完全客观，有效消除人为主观因素的干扰，但是全面搜集循环经济投入和产出指标的工作难度较大，并且该方法只体现评价对象的相对发展水平，无法反映其实际发展情况。物质流分析方法研究的是物质在“环境—经济”系统输入、储存、输出的实物量变动，揭示物质在特定区域内的流动特征和转化效率，是研究循环经济的有效方法，但是其所要求的数据搜集和统计工作难度较大，实际操作性较低[57]。主成分分析法通过全面考虑各指标之间的相互关系，利用降维的方法将多指标转换为少数几个不相关的指标，降低研究的难度；但是，经典主成分分析法无法对多个评价单元进行纵向时间序列的综合评价分析，有时所得出的主成分概念较为模糊，难以进行分析。

目前，国内对于该指标体系的构建主要有两个类别。一类是构建综合性质的评价指标体系，即从区域发展的经济发展、社会进步、资源能源、生态环境等模块出发，结合发展循环经济的内涵、特征、“3R”原则等，设置各个模块的细分指标。区域循环经济是一个综合的复杂系统，包括经济、社会、资源、环境等方方面面，构建综合性质的评价指标体系，能够全面考虑影响区域循环经济的各个因素。孟丽莎从社会发展、经济发展和资源利用三大模块进行指标设计，更加科学合理地体现了循环经济发展内涵，充分反映了“减量化、再利用、资源化”等特征[58]。王雅丽和刘洋从经济、资源、环境三个层面对指标体系进行优化，剔除社会发展指标，将循环经济系统分为经济系统、资源系统、环境系统三个子系统[59]。章波和黄贤金在此基础上将指标体系分为资源减量投入、资源再循环利用、污染减量排放、生态环境质量、经济社会发展五大模块，但是选取的指标数量众多[60]。此外，还有学者从技术角度构建指标体系，如田金方和苏咪咪将科技进步指标纳入指标体系[61]。综合类评价指标体系往往存在指标数量过多的问题，且一些指标仅限于理论研究而难以在实际操作中进行量化，数据资料获取困难，庞杂的指标体系与可持续发展指标体系等出现混淆，导致循环经济概念泛化等问题。其他类型评价指标体系主要是基于特定分析方法构建的，如生态效率评价法、物质流分析法、能值分析法等，具有优势突出、针对性强等特征。诸大建和邱寿丰以我国实际情况为研究对象，采用德国的生态效率指标体系，选取了土地产出率等七个指标，对我国循环经济生态效率进行评价[62]。刘浩和宋阳运用能值分析法，从能值经济、能值流量、环境压力、投入产出和综合指数五个角度构建指标体系[63]。刘滨等采用物质流分析方法，从资源利用、资源循环再利用和废弃物排放三个子系统观测物质流动信息[64]。但此类指标体系存在指标体系不完整这一突出问题，无法完整反映区域循环经济的各项情况。

在众多区域循环经济发展综合评价方式中，对多个区域的整体相对发展水平进行评价比较是学者常用的一种，即采用综合评分或者某一指数来反映区域循环经济的综合发展水平和状况。区域循环经济评价的对象是一个复杂的经济系统，包括区域经济、自然资源、生态环境、社会发展等多个子系统，在评价时应该将其视为一个整体的系统考虑，对整个区域系统进行评价，这就是所谓的综合发展水平评价。采用综合发展水平评价可以科学、直观地对区域循环经济发展水平做出评价，对更大范围的发展水平进行准确评估，深度挖掘各个子系统的具体表现。在比较对象的选取上，既可以进行横向比较，也可以进行纵向比较。通过横向比较，对同一时期不同区域的循环经济指标数据进行综合评价，研究分析水平高低的具体原因；通过纵向比较，对某一区域的时间序列数据进行处理分析，研究当地循环经济的历史发展规律和未来发展预期。许多学者都采用综合发展水平评价方法来定量评价区域循环经济发展情况。王舒等以江苏省为研究对象，将江苏省与其他省份进行比较，评价其循环经济综合发展水平[65]。曹小琳等以重庆市为研究对象，选取五年的数据，评价其循环经济综合发展水平的变化情况[66]。

通过对国内外区域循环经济发展评价的文献的梳理，发现以往的研究更多地运用主成分分析、数据包络、层次分析等方法，但未能很好地综合使用这些研究方法，尤其多属性（或指标）评价方法运用较少；构建的循环经济评价指标体系对生态效益缺乏全方位、深入性的研究，使得研究主题的针对性不强。本书在运用主成分分析、聚类分析、多属性（或指标）评价等方法的基础上，基于循环经济的“5R”原则，构建了包括资源利用、废物处理、环境保护、技术进步、设施改善在内的我国省域循环经济生态效益综合评价指标体系，以此深化我国省域循环经济及其生态效益研究。因此，只有建立一套科学、严密、完整的循环经济评价指标体系，才能利用一定的方法手段对循环经济发展状况进行监测和预测，由此为循环经济的发展规划提供决策服务，从而找出存在的问题，校正发展的方向。

第一节 指标体系构建原则

我国省域循环经济生态效益综合评价指标体系的构建，要遵循科学性与实用性、简明性与完备性、系统性与层次性、独立性与操作性、前瞻性与针对性等原则，切实建立起一个有效可行的指标集合。

一、科学性与实用性

（一）科学性

指标可以通过对已有数据和表面现象的处理，抽象出事物内部本质联系与变化规律，并最终以简单的形式表达出来。循环经济评价指标体系应基于科学的理论，对经济效益、社会效益、生态效益的各个层次、各个环节、各个时期进行高度概括，揭示发展特点、发展水平、发展状态、阶段性质、内部关系、运行规律，从而为促进循环经济发展提供科学的理论依据、可靠的方法辅助、可信的数据指标。循环经济评价指标的选择、评价指标权重的确定、数据选取计算与合成，必须以公认的科学理论（如统计理论、经济理论等）为依据，科学、客观、真实地反映循环经济的相关内涵、本质特征，全面体现循环经济的减量化、再利用、再循环的“3R”原则，充分呈现循环经济发展的经济、社会、资源、环境等各个要素，客观反映我国省域循环经济生态效益主要目标的实现程度。由此可见，循环经济评价指标体系的构建应以科学性为原则，构建指标能够客观体现区域发展的真实面貌，旨在得到更具科学性、公允性和真实性的统计结果。

以此为指导，我国省域循环经济生态效益评价应当以循环经济理论为依据，准确把握我国省域循环经济生态效益的主要性质、内在本质、基本特征和运行规律。我国省域循环经济生态效益综合评价指标体系的构建要求建立在科学的基础之上，以充分认识与系统研究客观事实为前提，指标设计、数据量化具有很强的获得性、可靠性和可行性。具体而言，要做到指标概念明确、清晰，指标体系严谨、合理，指标目的明确、定义准确，指标设置简单明了、易于理解，数据来源准确、可靠，处理方法科学、规范，具体指标能够反映社会进步、经济发展、资源消耗与利用、生态环境等方面内容，真正为我国省域循环经济生态效益的良性运行、改进发展提供理论支撑和科学依据。

（二）实用性

在循环经济评价指标体系的构建过程中，不仅要考虑循环经济评价指标体系的科学性，还要体现评价指标及其结果的实用性，真正发挥循环经济评价指导实践开展的重要作用。随着经济社会的发展和人的认识进步，循环经济发展评价既要有静态指标又要有动态指标，通过统计分析、比较研究等方式，准确把握循环经济整个系统及其各子系统的发展过程与发展趋势，便于进行循环经济发展的科学预测和管理，并不断修正与优化循环经济评价指标体系和综合评价标准。要坚持“问题导向”，遵循产业发展规律和生态保护要求，分析、解决循环经济相关问题，逐步促进经济、社会、生态发展，有效构建循环经济良性发展模式，不断增强循环经济评价的实用性。

在我国省域循环经济生态效益综合评价指标体系构建过程中，要充分考虑数据的可获得性和指标量化的难易程度，将定量研究与定性研究结合起来，指导、监督和推动我国省域循环经济发展，并进行各省区市之间及国内外的横纵向比较，以此科学、合理地解释我国省域循环经济发展过程中存在的问题及其原因。除此之外，还要通过系统评价、统计分析与深度研究，针对我国省域循环经济生态效益的问题所在及其原因，从资源利用、废物处理、环境保护、技术进步、设施改善等方面，提出针对性、操作性、实用性、实效性强的我国省域循环经济生态效益提升与优化对策，为政府部门、行业企业、相关组织、专家学者的理论研究与实践开展提供重要指导和借鉴参考。

二、简明性与完备性

（一）简明性

循环经济评价指标体系要求覆盖面广、全面完备，但是随着指标量的增加，数据收集和加工处理工作量倍增，而且指标过多过细，难免出现指标重叠、相互独立等现象，给综合分析和系统研究指标体系带来不便。对于各个子系统，应结合我国省域循环经济发展实际，选取具有代表性和典型性的指标，避免选择意义相近甚至重复的指标，使我国省域循环经济生态效益综合评价指标体系权威性高，通用性强，结构分明，操作容易。同时，要尽量选取能够量化、含义明确的指标，指标设置要简单、清晰、明了，追求指标的简洁易用、易于理解，避免使用复杂的指标体系，选用的计算方法和模型必须科学规范、简明可行。尤其是不能使用含糊不清、模棱两可、存在歧义的指标及其数据，应采用科学规范、使用成熟的方法进行计算分析。

因此，要从众多的我国省域循环经济生态效益变量中按其重要性和对系统行为贡献率的大小顺序，对难度最大、争议最多的指标进行聚合或合成，筛选出数目足够少却能表征该系统本质行为尤其是生态效益的最主要成分变量。在此基础上，在确保我国省域循环经济生态效益综合评价指标体系相对完备的情况下，采用主成分分析法，筛选、提炼出资源利用、废物处理、环境保护、技术进步、设施改善等最具代表性、集中性的主体指标，进行调查研究、统计分析，从而确定我国省域循环经济生态效益综合评价指标体系，为我国省域循环经济生态效益评价奠定坚实基础。

（二）完备性

虽然循环经济指标体系的构建讲求简明性原则，但选取的指标要能够全面反映循环经济发展问题，不能遗漏重要指标。一套完善、合理的循环经济评价指标体系应当集多方面指标，这样才能更加全面地反映问题，分析问题，解决问题，预测趋势，促进发展。我国省域循环经济生态效益综合评价指标体系要求覆盖面广、比较完备，作为一个整体能够全面或基本反映我国省域循环经济的主要方面和基本特征，通过设计多样、细化、全面的发展评价指标体系，客观、全面、科学地描述与分析我国省域循环经济发展的经济效益、社会效益和生态效益，形成以循环经济总体目标为核心，同时兼顾多层次内容的指标体系，又要避免指标之间的重叠性，建立全面、系统、客观的我国省域循环经济生态效益综合评价指标体系。

因此，评价指标的选取要尽可能全面反映循环经济发展的特征与水平，考虑循环经济发展所涉及诸多方面的相互协调，并将指标按其属性之间的联系进行安排，构成一个比较科学完整、层次清晰的指标体系。以此为指导，我国省域循环经济生态效益综合评价指标体系的构建，要坚持资源利用、废物处理、环境保护、技术进步、设施改善的有机统一和整体推进，并在对各子系统指标进行细化的过程中确保其完备性，例如，从资源节约使用、循环利用、能量转换等方面探究资源利用指标，做到我国省域循环经济生态效益指标的目标层、准则层的全面完备和精准到位。

三、系统性与层次性

（一）系统性

循环经济是可持续经济发展的深入，是各系统之间相互作用、和谐共处的可持续发展模式，由不同层次、不同要素组成，包括人类社会本身及与其有关的各种基本要素、关系和行为，它们组成一个复杂而庞大的系统。循环经济遵循生态学的生态圈理论，通过形成整体循环圈指导人类经济社会活动，从而节约投入量、减少排放量、提高利用率。评价循环经济发展要顾及可持续性，其指标体系需考虑到系统性强、层次性高、涵盖面广等特点，能够全面反映我国省域循环经济发展的各个方面。由此可见，发展我国省域循环经济是一项复杂的系统工程，构建其评价指标体系必须能够将各影响因素融入其中，促进各影响因素相互作用以形成集生态、经济、社会等因素于一体的复杂系统。

另外，我国省域循环经济评价指标体系作为一个完整的系统，涉及既相互独立又内在联系的经济、社会、资源和环境等若干子系统，经济发展、社会发展、资源利用、环境质量等循环经济主要构成要素都应在指标体系中得到反映。通过系统分解法与层次分析法将循环经济分为经济、社会与生态等子系统，它们之间既相互独立又彼此交叉，共同支撑着循环经济的正常有序运行、整体协调发展，并保证评价结果的真实、客观及指标体系的时代性、科学性。因此，我国省域循环经济生态效益评价必须从整体系统出发，综合考虑各个子系统的自身特点，注重个体间的交互融合，强调整体对个体的指导决策及个体在整体中的定位协调，既形成循环经济系统的有机整体，又做到各子系统的相互联系、相互协调。

（二）层次性

循环经济发展模式是一个复杂巨系统，由功能不同、相互配合的子系统组成。由于循环经济发展中各层次、各因素的影响程度不同，整个系统可以划分为多个层次，每个层次有其不同的功能和特点，所以设立的评价指标体系应根据上下级指标之间的逻辑关系而富有层次性。选择指标的层次性体现在高层次与低层次之间的相互联系、彼此独立等关系，高低层次指标的分类管理便于明晰结构、利用数据，其中高层次指标是低层次指标的综合、统领，低层次指标是高层次指标的分解、基础。

根据系统结构的不同，将循环经济分为不同层次，并把指标进行对应分类，使指标体系的结构更加清楚明了、方便使用。具体来说，通过系统分解法和层次分析法，将指标体系分解成总指标、次级指标、三级指标，或目标层、准则层、指标层，它们分别表示该指标体系的整体目标、目标层下面由多个功能模块构成、构成指标体系的基本组成部分。以此为指导，根据系统性与层次性原则，把我国省域循环经济生态效益系统划分为资源利用、废物处理、环境保护、技术进步、设施改善等子系统，以全面、客观、真实地反映我国省域循环经济生态效益的基本特征、发展现状、独特优势、不足之处、努力方向等。

四、独立性与操作性

（一）独立性

循环经济通过“资源—产品—再生资源”的反复循环发展，使所有原料和能源得到最合理的利用。描述区域系统发展状况的指标往往存在指标间信息的重叠，因此在选择指标时，应尽可能选择具有相对独立性的指标，从而增加评价的准确性和科学性。我国省域循环经济生态效益评价指标的选取，要符合区域发展的规律性并反映各个子系统的协调性，在保证资源环境安全的同时，体现社会、经济、生态的和谐统一。同时，选择的统计指标应该含义明确、口径明确，避免选择含义相近或重复的指标，且要与国际使用惯例相符合，并满足国内现行统计制度和国际规范的要求，从而保证统计数据的可靠性、合理性、客观性和公正性[67]。

除此之外，指标的选择应排除人为主观因素的影响，参与指标选取的各方需具备一定的典型性和代表性，并且尽可能减少对指标选取过程的人为干扰，比如，部分指标数据因为缺失，需要对指标进行补充和替换，这些因素或多或少对评价结果的客观性造成影响。因此，在构建评价指标体系时优先考虑使用公认、普遍适用的代表性指标和重要指标，保证指标体系切实可操作，能够帮助表达被评价主体的循环经济发展水平现状[68]。当然，在独立性的基础上，指标之间要讲求相关性，在分层结构下，每个层次内部的指标应该是为达到该层次的功能而设计的，而不是随意选取的；并且在相同层之间，尤其是准则层之间，都是围绕目标层而组建的子系统，必然存在相互影响的关系，所以也是具有相关性的。具体而言，我国省域循环经济生态效益评价的资源利用、废物处理、环境保护、技术进步、设施改善等各系统指标，应当既相互联系又彼此独立，这样方能体现各项指标的关联性和价值性。

（二）操作性

操作性原则强调指标的可取性（具有现实统计基础）、可比性（各具特征的不同区域应该由基本指标体系来统一衡量、对比、评价）、可测性（所选的指标变量必须在现实生活中是可以测量得到的或可通过科学方法聚合生成的）、可控性（研究区域循环经济发展的指标体系的最终目的是调控区域发展方向、模式等，故其指标必须是人们能根据区域循环经济发展的需要来理性调控的）[69]。构建循环经济发展水平评价体系的目的在于评价发展情况并明确努力方向，所以指标数据获取的难易程度及是否可量化都需要进行综合考虑。实践证明，如果评价指标复杂且难以理解，并且数据难以获取，那么即使该指标在理论上设计得很科学和完善，在具体实践中也无法得到运用。只有进行切实可行的量化性评价、严密合理的科学化论证，才能真正将评价工作落到实处。

我国省域循环经济生态效益评价指标体系构建的操作性，体现在评价指标的简明扼要、评价方法的简便易行、评价结果的重点突出、评价流程的规范可行。具体而言，评价指标体系应充分考虑数据的可获得性和指标量化的难易程度，尽可能利用现有统计资料和有关规范标准，尽量选择公认、具有代表性的综合指标和重点指标。对于可量化的指标要保证数据获取的真实性和有效性，不能量化的指标要尽量减少主观因素带来的判断误差。除此之外，在进行区域循环经济发展综合评价的过程中，无论对于评价者还是决策者，评价目标的确定、评价指标的选择、评价方法的甄别、评价模型的选用，都要尽可能容易实现或者容易得到。换言之，应当尽可能从权威部门获得指标数据，对于一些直接获得的指标数据，尽量利用现有的原始统计数据，通过原始数据进行简单计算可以得到相关指标，避免使用复杂的公式运算增加出错的概率并影响最后的评价结果[70]。

五、前瞻性与针对性

（一）前瞻性

循环经济评价指标应当能够反映循环经济评价对象发展的趋向性，既揭示历史发展情况，又预测未来发展趋势。循环经济作为一个经济系统，需要符合经济发展法则，按照一定的经济发展方式有序运行，既体现动态变化又呈现静止状态。为解决诸多问题和消除不利因素，应对新情况、新问题、新挑战，循环经济及其指标体系需要动态变化、演化推进。而静止状态是循环经济发展到一定阶段的相对平衡状态，循环经济处于相对稳定的发展水平，这样容易进行循环经济的横纵向统计、比较、分析。

在我国省域循环经济生态效益评价指标体系构建过程中，要建立良性螺旋形上升的运行机制，做到动态与静态、阶段任务与总体目标相结合，最终达到最优状态。同时，要立足我国省域循环经济生态效益发展阶段，适应经济社会发展和生态变化形势，掌握各个子系统及整个系统的变动趋势，不断调整、修正、优化、完善我国省域循环经济生态效益综合评价指标体系，促进经济效益、社会效益、生态效益的完美结合。除此之外，我国省域循环经济生态效益综合评价指标体系的前瞻性还体现在其稳定性方面，即我国省域循环经济生态效益综合评价指标体系的含义、范围、方法保持相对稳定，便于不同时期的循环经济发展的区位条件、产业结构、发展规模、目标差距等具有可比性、延续性，使其能够进行横向、纵向及动态、静态的比较排序。

（二）针对性

循环经济评价要考虑每个时期的阶段性特点，紧密结合当时的目标和规划及经济社会、生态资源状况，设置相应的评价标准及其权重，使其真正发挥激励、调动、指向、引导作用，避免因标准过高或过低而影响评价的针对性、实效性。同时，不能够简单选取或随意堆积指标，而应是构建可以全面深度反映循环经济发展状况的指标集合。除此之外，评价指标必须能够反映评价对象的综合能力，符合区域的经济社会发展情况、方针政策实施情况，由此引导评价对象朝着规划方向发展，从而实现循环经济发展战略目标的逐步优化。

循环经济评价标准应反映各时代的发展特性，从而真正实现循环经济评价的重要意义。当前，我国省域循环经济应当立足新时代的背景与实际，在对国内外相关研究成果与实践经验进行总结、分析和借鉴的基础上，以经济增长理论、制度变迁理论、生态经济理论、产业共生理论、综合集成理论、效率评价理论为指导，基于中央政府与地方政府、政府与企业、政企与公众等利益相关者的博弈行为，从资源利用、废物处理、环境保护、技术进步、设施改善等方面，构建我国省域循环经济生态效益综合评价指标体系，进而指导我国省域循环经济生态效益评价及其发展的具体实践。

第二节　评价指标主要内容

我国省域循环经济生态效益综合评价指标体系，突破以往衡量循环经济发展水平走“减物质化、物质再利用、再循环、人类发展福利”的常规思路和多以“经济-环境-社会发展”等三个维度构建评价指标体系的局限，从我国省域“经济社会-生态”二维定位出发，通过建立总体层、目标层、指标层、变量层等四层及各层子系统，对生态效益进行全方位、综合性、深入化评价。总体层：围绕研究主题，提出构建我国省域循环经济生态效益综合评价指标体系的方向。目标层：构建能直接体现我国省域循环经济生态效益状况，包括资源利用、废物处理、环境保护、技术进步、设施改善等五个要素在内的目标体系。指标层：围绕每个目标，从不同纵深设置指标，构成层次清晰、逻辑严密的纵向系统。变量层：在前人研究基础上，筛选相互联系的代表性数据，具体反映指标的状态、程度、强度。

一、资源利用

自然资源是人类赖以生存的环境条件和经济社会发展的物质基础，包括环境资源、生物资源、土地资源、矿产资源、能源资源等。联合国出版的文献把自然资源解释为人在其自然环境中发现的各种成分，只要能以任何方式为人类提供福利的都属于自然资源。从广义上来说，自然资源包括全球范围内的一切要素，它既包括过去进化阶段中无生命的物理成分，又包括地球演化过程中的产物。由此可见，自然资源是具有社会有效性和相对稀缺性的自然物质或自然环境的总称，具有有限性、区域性、整体性、多用性、两重性等特性[71]。资源还可以分为可再生资源和不可再生资源，可再生资源能够持续补充存量但并不意味着不可能消亡（如过度开发导致资源枯竭），不可再生资源最特殊的性质是不可逆性、可耗竭性。

浙江加快节水、节地、节材、资源综合利用、环境保护和生态建设，推进工业、农业、服务业“三产联动”和企业、园区、社会“三层并进”，并结合块状特色经济、生态环境建设、产业结构调整、发挥资源优势等实际发展循环经济。广东出台加快循环经济发展实施方案，系统化推进循环经济发展。山东设立节能专项资金，重点用于循环经济项目建设、节能减排技术改造等领域。不容忽视的是，2009 年我国单位 GDP 能耗是世界平均水平的 2.65 倍、美国的 3.9 倍、日本的 8.2 倍，并消耗了全世界 36%的钢铁、16%的能源、52%的水泥，仅创造了全球 7%的 GDP[72]。由此可见，浙江、广东、山东在资源能源节约、高效利用、循环使用等方面的做法值得推广，但我国的节能降耗之路任重道远。

二、废物处理

循环经济旨在促进资源利用和环境保护，核心是资源的合理利用、循环利用、永续利用，强调对资源的开发利用限定在资源再生和更新能力之内，实现降低资源利用的成本、能耗与保护环境的双赢目标。可以说，发展循环经济，能够减轻资源压力、降低能源消耗，实现资源和能源的高效利用。可见，循环经济作为物质闭环流动型经济，通过物质、能量的梯次闭路循环使用，实现“资源—产品—再生资源”的物质流动使用。因此，对于循环经济而言，废物即资源，通过减量化、再利用、再循环“3R”原则，达到“变废为宝”乃至资源的持久、永续利用的目标。

浙江以金属再生资源、废旧金属拆解、废旧塑料回收为依托，形成了“永康模式”“台州模式”“余姚-慈溪模式”等循环经济发展模式，三者具有共同的资源回收方式，这使资源小省突现循环经济发展奇迹的“浙江现象”备受瞩目。丹麦制定了废物收费政策、财政政策、税收政策等，针对企业生产经营过程中产生的废弃物征收费用。德国、日本、挪威、瑞典等国家围绕废物处理、回收、清除等，出台了有效利用、循环利用、再生利用等相关法规及激励措施；德国、日本分别建立废物回收中介组织、废物回收情报网络，从国家发展战略层面推进废物处理工作。实施相关废物处理政策与措施以来，德国垃圾减少 65%，且冶金行业废渣重复利用率高达 95%。美国实施垃圾处理费预交制度后，纸张回收利用率高达 42%，创收 490 亿美元；啤酒瓶、饮料罐回收利用率高达 50%以上，废弃物重量、体积分别减少约 20%、60%。由此可见，浙江、国外的废弃物回收利用既“变废为宝”增加了收益，又“无害化处理”缓解了环境污染、生态破坏等压力或威胁。

三、环境保护

循环经济不仅要求经济活动遵循一般自然规律、经济规律和社会规律，而且要求按照生态规律组织整个生产、消费和废物处理过程，力图把经济活动纳入生态系统的运行轨道。在考虑自然时，循环经济不再像传统工业经济那样将其作为“取料场”和“垃圾场”，也不仅视其为可利用的资源，而是将它作为人类赖以生存的基础，是需要维持良性循环的生态系统。它要求经济活动组成一个“资源—产品—再生资源”的反馈式流程，所有的物质和能源都能在这个不断进行的经济循环中得到合理与持久的利用，由此追求循环经济发展中的生态效益与经济效益、社会效益的有机结合及协调统一。古往今来，我国都很重视生态环境、人居环境，这在老子、孔子、孟子、庄子的“天人协调”“人地协调”等观点中得以体现。而在经济高速发展、深化对外开放的新时代，环境保护日益成为国际关系、经贸往来的全球化议题，加之人口压力、科学技术、经济利益、法律政策等社会环境要素，以及全球气候、臭氧层、酸雨、土壤、海洋、生物多样性、森林、废弃物、淡水等环境问题，深刻影响着我国经济社会的可持续发展。

美国把每年 11 月 15 日定为“循环利用日”，通过舆论媒体宣传、提高公众参与能力等方式，营造保护环境、节能减排的良好氛围和社会环境。日本把每年 10 月定为“循环宣传月”，强化发展循环经济的社会意识，及时公布环境信息，保障公众的知情权和监督权。丹麦把可持续消费教育渗透到循环经济发展的各领域、全过程，凝聚了发展循环经济的百姓共识，在此基础上重建城市运输网络，使其自行车线路占首都运输线路的 32%。加拿大遵循基础性、针对性、趣味性、持久性等原则，运用各种手段强化循环经济的社会宣传，并不断丰富宣传内容、创新宣传形式、完善宣传载体，低排放、零排放意识日益深入民心。英国设立 Jerwood-Salters 环境奖，针对全社会系统实施循环经济、改善生态环境。奥地利、瑞典、意大利、泰国、印度、印度尼西亚兴办生态工业园，以此带动循环经济发展和生态环境改善。由此可见，国外在环境保护的整体规划、宣传教育、技术提升、激励约束等方面做了大量工作，并取得了显著成效。

四、技术进步

随着循环经济的发展和人们生活水平的提高，对自然资源的旺盛需求与自然资源总量不足的矛盾越来越突出。解决这个问题的有效途径就是通过技术开发和研究，提高资源开发利用率与循环利用率，减少资源消耗量，开发新的替代资源，加强生态环境保护。以科技进步推动节能减排已成为发展循环经济的关键环节，各行政区域能否迎接循环经济发展的时代挑战，在很大程度上取决于技术水平。同样，企业在发展循环经济过程中，容易受到技术限制，或者技术研发会增加成本，使其循环经济生产经营方式遇阻。由此可见，综合评价我国省域循环经济生态效益的技术进步情况，进而针对性地提出我国省域循环经济的优化之道或发展路径意义重大。

我国从技术创新等方面加大对工业循环经济发展的投入与激励，各省区市不断优化产业结构，其中，广东、江苏、山东、浙江的工业循环经济效率达到有效水平，这为区域循环经济发展提供了实践范本与参考借鉴[73]。在此背景下，浙江围绕节能减排、工业节水、垃圾发电、金属拆解、清洁生产等重点领域，组织实施循环经济技术示范工程。此外，日本以技术创新研发为依托，实施“新阳光计划”，推动节能、新能源、环境保护、再生利用等技术开发及政策扶持，使其转向资源节约、技术密集、高附加值、低耗高效产业。德国大力发展信息、汽车、纳米等高新技术，法国、荷兰、印度、冰岛、芬兰等着重开发风能、太阳能、地热能源、生物能源，英国、韩国实施能源管理、环境建设等科技项目，美国积极研发绿色技术和节能材料，这些举措都有效提升了这些国家的循环经济生态效益。由此可见，国内外研发节能减排、能源替代等技术，既获得了巨大经济效益，也提升了社会效益和生态效益。

五、设施改善

基础设施建设既是制约发展的重要瓶颈与重点难点，也是促进发展的基础条件和基本优势。循环经济的发展，离不开道路、管网、公寓、机器等配套基础设施建设，基础设施能为区域、园区、企业发展循环经济提供便利条件。要坚持以资源利用可循环、环境容量可承载、经济发展可持续为目标，立足发展规划，突出区域或行业特色，开展基础设施提升改造工程，全面推进循环经济发展，致力于打造企业之间、产业之间、生产与生活系统之间的循环式布局、组合和流通。

广东提出建设“绿色广东”发展战略，出台循环经济地方性法规，制定实施能源、电力、环境、生态等专项规划，将万元 GDP 耗水、能耗、建设用地等纳入区域及其官员政绩考核之中，着力推进风力发电、太阳能发电、地源制冷等清洁可再生能源的产业化发展。江苏制定实施了循环经济促进条例、发展规划，建立了循环经济公共服务平台，促进了政校行企的资源交易、废物处理、招商投资、智库支持、金融扶持、技术攻关、信息共享、考核评估。日本从基本法、综合法、专项法等层面健全循环经济法律体系，德国有关环保的法律、法规高达 8000 多部，美国国会通过了 20 多部循环经济法律并设立“总统绿色化学挑战奖”，且发达国家在财政、税收、信贷、采购、奖励等方面给予大力支持，这些法律法规和激励体系为发达国家发展循环经济提供了强大支撑与后盾。由此可见，顶层设计、基础设施、法治监管、激励机制、交流合作等建设工作，能为循环经济发展提供坚实保障。

第五章 基于博弈论的我国省域循环经济生态效益综合评价模型构建与实证分析

生态效率（eco-efficiency）的词根“eco”表征的是经济（economic）和生态（ecological）两个方面的含义，其概念最早由德国学者 Schaltegger 和 Sturm 提出，即增加的价值与增加的环境影响的比值，但是当时并没有得到广泛响应[74]。直到 1992 年世界可持续发展工商理事会（World Business Council for Sustainable Development，WBCSD）对生态效率进行了定义：生态效率要求生产的产品和提供的服务在满足人类需求的前提下，控制资源消耗与环境污染，实现经济与生态的和谐发展[75]。这一定义进一步探讨了经济、社会与环境三者之间的关系，也因此被更多的学者所接受。此后，生态效率引起了更多的关注，一些国际组织开始对生态效率的概念及内涵展开研究，其中较有影响力的是经济合作与发展组织（Organization for Economic Co-operation and Development，OECD）给出的定义。OECD 认为 WBCSD 关于生态效率的定义较为灵活和注重实效性，能够推动社会各阶层为提高生态效率而采取实际行动[76]。但是，其定义对影响经济发展与环境质量的因素及参与主体的心理活动和行为动机并没有深入考虑。因此，OECD 把生态效率定义为满足人类需要的生态资源效率，可以将其看作投入与产出的比值，其中，投入是指由参与主体生产行为所造成的环境压力，产出是指参与主体提供的产品与服务的价值。除了 WBCSD 和 OECD 外，巴斯夫集团（Badische Anilin-und-Soda-Fabrik，BASF）、国际金融组织环境投资部（Environmental Finance Group International Finance Corporation，EFG-IFC）、联合国贸易和发展会议（United Nations Conference on Trade and Development，UNCTAD）、加拿大工业部（Industry Canada）等国际组织与机构分别对生态效率的概念给出了自己的理解。此外，许多学者对生态效率进行了研究。Meier

重新定义了生态效率，他认为生态效率是经济与环境效益及环境治理成本之间相互作用的结果[77]。Hellweg 等分解了生态效率的概念，并提出要达到的目标及微观层面生态效率评价指标体系，对于生态效率多领域研究具有一定的参考价值[78]。

关于评价指标体系，学者普遍认为评价对象和范围不同，所选取的具体指标也有很大的差异。Michelsen 等从资源消耗、环境污染两方面选取了九个环境指标构建评价体系，用以测度家具行业产品的生态效率[79]。Hoffen 结合物质流思想，提出了涵盖经济效益、可持续发展、人类发展等方面的五个生态效率指标，用以描述一个国家的经济福利[80]。Dahlström 和 Ekins 通过测度英国钢铁和铝制品两大行业的资源生产率、资源效率及资源强度，对这两大行业的生态效率进行评价，结果表明英国的钢铁和铝业生态效率有所改善，但是单位能源的经济产出值与工业附加值随之下降[81]。研究认为之所以出现这样的情况，是因为当时原材料价格下降及行业竞争激烈，为保持竞争优势纷纷降低成本。Korhonen 和 Luptacik 使用扩展的两种数据包络分析法，评价了欧洲 24 家发电厂的生态效率[82]。Sarkis 尝试运用六种数据包络分析法，评价了电厂的生态效率[83]。评价方法应用领域涉及企业、产品、行业、区域等方面，因此研究对象、研究层面及研究视角不同，生态效率的评价方法也就不同。例如，单一比值法应用方面，WBCSD 提出的计算模型较为广大学者所接受，其中常用的计算方法有 ISO14001（环境管理体系认证）提出的关于环境表现评价参数的选择方法。还有一些学者根据研究需要，将计算公式颠倒过来提出了另外一种生态效率的计算方法。当然，研究对象、研究层面、研究角度不同，具体的公式也会存在差异。

国内学者对生态效率的研究开始得相对较晚，对生态效率的概念及内涵的研究大多是在国外提出的定义等基础上进行的。王金南从产品角度提出生态效率是单位产品所创造的价值与所消耗的资源和污染排放之间的比值，提出管理技术的提升能够有效提高资源利用率[84]。诸大建和朱远认为生态效率又称资源生产率，可以理解为 GDP 总量和资源消耗量及环境污染之间的比值关系，是反映一个国家或地区绿色竞争力的重要指标[85]。邱寿丰认为生态效率的概念不能一概而论，需要根据研究对象的投入与产出情况进行相应界定[86]。同时，许多学者依据生态效率理念进行了扩展研究。李丽平等认为生态效率是一种具有革命性的环境管理方式，并对其由来、发展过程、提高生态效率所要实现的价值及提升路径进行总结，以期从中获取环境管理的经验[87]。毛建素等将生态效率作为环境管理性能参数的指标之一来衡量环境负荷和经济发展的关系，得出环境管理特征曲线及曲线的特征点，进而说明其对于环境管理的作用[88]。除此之外，还有学者借鉴生态效率的概念来推动循环经济研究的开展。戴玉才和小柳秀明将生态效率理念融合于循环经济发展的举措之中，提出评价我国循环经济发展现状的生态效率体系[89]。周国梅等通过对工业生态效率进行分解，创造性地运用到循环经济的指标体系构建及工程建设项目环境预审方法等领域，扩大了生态效率的应用范围[90]。陈起俊等选取全寿命周期中闭环产业链上政府、建设单位、资源化企业和使用企业为建筑废弃物处理的利益相关者，根据模型分析结果提出促进建筑废弃物资源化的可操作性建议[91]。刘炜和陈景新通过分析重复博弈的均衡状态与关键影响变量，探讨实现博弈均衡的条件[92]。庞建刚和张华鑫在完全信息的假设前提下，将供需理论与博弈论相结合，对循环经济产业链上、下游企业的策略选择进行分析[93]。

魏婷和吴长年从经济效益、社会发展及对自然的影响三个方面构建了评价工业园区的指标体系，以此来测度园区生态系统的健康程度[94]。王震等运用生命周期分析法的框架，将指标选取分为五个步骤，采取清单分析法、当量法及目标距离法选取工业生态效率评价指标，指标主要分为经济类、环境类与资源类，并对北京市的工业生态效率进行了实证研究[95]。杨文举[96]、汪东和朱坦[97]、汪克亮等[98]运用数据包络分析法评价我国各省区市的工业生态效率，这些研究重点分析了我国工业生态效率的发展水平、省域之间工业生态效率的差异与演变趋势及工业生态效率与研究对象的经济发展水平的关系。张卫枚等[99]、刘晓萌等[100]基于数据包络分析法，分别针对安徽省、湖南省的工业生态效率进行测度。除传统数据包络分析法外，戴志敏等[101]、郭露和徐诗倩[102]运用超效率数据包络分析法对工业生态效率进行评价，更好地分析了地区之间的差异性。杨佳伟和王美强[103]、张如波等[104]采用网络数据包络分析法，分别针对我国各省区市、长江城市群的生态效率进行评价。除了以上方法外，物质流分析法、能值分析法、因子分析法等也用于对工业生态效率的评价。其中，物质流分析法主要针对系统尺度，对于某个特定的系统，在时间和空间确定的前提下，不但能够利用吞吐量反映社会经济系统的代谢规模，而且可表征经济活动所创造的物质财富。谷平华和刘志成基于物质流分析思想，对湖南省及全国工业物质输入和生产输出情况进行分析，并结合工业增加值与区域面积，开展省域和全国工业生态效率的比较研究[105]。能值分析法在生态效率的分析研究中，既可以用于表征产出，也可以用于表征环境影响的大小。孙玉峰和郭全营运用能值分析法构建了包括可更新资源能值、输入与输出能值等指标的评价体系，并对山东省某矿区循环经济系统生态效率进行测度[106]。但是目前由于能值分析的争议较多，该方法可拓展性研究受到了一定的限制。卢福财和朱文兴基于因子分析法进行评价，运用主成分分析法提取影响地区工业发展的因子，并以所提取因子的方差贡献率为权重对鄱阳湖工业生态效率进行测度[107]。毛建素等用工业增加值与能源消费量和环境污染排放量的比值来评价我国 39 个工业行业的生态效率，研究发现不同工业行业之间生态效率数值差异较大，能源、废水和固体废弃物的使用效率表现出行业不均衡性[108]。

研究表明，当前并没有形成统一的生态效率的定义，针对不同的研究对象、研究领域、研究层面，其概念和内涵有所区别。但生态效率的核心理念已被广大学者所认可，其本质就是研究经济产出与资源消耗及环境影响之间的关系，探索经济与生态和谐发展的路径。对于生态效率评价，当前评价工业生态效率的方法比较丰富。相对而言，单一比值法、指标体系法在之前的研究中应用较多，但这两种方法存在局限性，单一比值法不能够有效地对不同环境下的生态效率进行区分，指标体系法中指标权重的赋值难以克服主观因素的影响。而数据包络分析法可以用于投入产出指标较多的生态效率评估，弥补了单一比值法不能同时测算多个指标的不足。同时，数据包络分析法不受指标数据计量单位差异、人为主观赋权等因素的影响，并能够针对非有效的决策单元提出改善的方向和途径。因此，近些年数据包络分析法逐渐成为评价工业生态效率的主流方法。我国省域循环经济生态效益受到各类政策、资源禀赋、经济状况、基础设施、公众素质等因素的影响，因此研究能合理评价我国省域循环经济生态效益的通用模型具有重要意义。以此为导向，基于博弈视角，构建我国省域循环经济生态效益综合评价模型，并以此模型为工具对我国省域循环经济生态效益进行实证分析。

第一节　我国省域循环经济生态效益综合评价模型构建

通过查阅和研究国内外相关文献，广泛听取循环经济方面专家学者的意见，结合现阶段我国省域循环经济发展状况，构建我国省域循环经济生态效益综合评价指标体系。

一、评价指标构建

根据科学性与实用性、简明性与完备性、系统性与层次性、独立性与操作性、前瞻性与针对性等原则，结合数据的可获得性，建立起包括资源利用、废物处理、环境保护、技术进步、设施改善等 5 个二级指标，以及 25 个三级指标的我国省域循环经济生态效益综合评价指标体系（表 5-1）。

表 5-1 我国省域循环经济生态效益综合评价指标体系

总指标（A）	二级指标（B）	三级指标（C）	指标单位
我国省域循环经济生态效益综合评价指标体系（A）	资源利用（B1）	第三产业占 GDP 的比重（C1）	
		人均用水量（C2）	米^3
		单位 GDP 电耗（C3）	万千瓦时/万元
		城市用水普及率（C4）	
		城市燃气普及率（C5）	
	废物处理（B2）	废水排放量（C6）	万吨
		废气排放量（C7）	万吨
		一般工业固体废物产生量（C8）	万吨
		一般工业固体废物综合利用量（C9）	万吨
		一般工业固体废物处置量（C10）	万吨
	环境保护（B3）	森林覆盖率（C11）	
		建成区绿化覆盖率（C12）	
		湿地面积占辖区面积比重（C13）	
		工业污染治理投资占 GDP 比重（C14）	
		林业投资占 GDP 比重（C15）	
	技术进步（B4）	R&D 经费占 GDP 比重（C16）	
		新产品开发经费占 GDP 比重（C17）	
		技术市场成交额占 GDP 比重（C18）	
		生活垃圾无害化处理率（C19）	
		专利授权数（C20）	件
	设施改善（B5）	人均公园绿地面积（C21）	米^2
		万人拥有公共汽车数（C22）	辆
		生活垃圾无害化处理量（C23）	万吨
		生活垃圾无害化处理能力（C24）	吨/日
		城市污水日处理能力（C25）	万米^3

二、评价过程描述

（一）原始数据整理

根据《中国统计年鉴》等资料，收集、整理需要分析的循环经济生态效益原始数据。

（二）数据标准化处理

利用标准化值对各项指标进行无量纲化处理

$$X'_{ij}=\frac{X_{ij}-\bar{X}}{S}\quad (i=1,2,\cdots,m;\ j=1,2,\cdots,n)$$

其中，X'_{ij} 为标准化值，即 X'_{ij} 是 j 省（区市）第 i 个指标的标准化值，$\bar{X}$ 为数据均值，S 为标准差，数据标准化可消除量纲的影响。对标准化数据进行计算，得出相关系数矩阵。

（三）主成分分析与聚类分析

主成分分析法具备简化变量、提炼主体、计算相对简单、减少主观因素影响、结果较为客观合理等优势，主要用于剔除各因素之间的干扰。运用主成分分析法，将原来众多具有一定相关性的各个指标，重新组合成一组新的互相无关的综合指标来代替原有指标，用 $F_1,F_2,\cdots,F_m$ 来表达，可以构造出第 1 个,第 2 个,…,第 q 个主成分，主成分分析数学模型如下。

$$\begin{cases} F_1=\alpha_{11}\times ZX_1+\alpha_{21}\times ZX_2+\cdots+\alpha_{q1}\times ZX_q \\ F_2=\alpha_{12}\times ZX_1+\alpha_{22}\times ZX_2+\cdots+\alpha_{q2}\times ZX_q \\ \cdots\cdots \\ F_m=\alpha_{1m}\times ZX_1+\alpha_{2m}\times ZX_2+\cdots+\alpha_{qm}\times ZX_q \end{cases}$$

其中，$X=(X_1,X_2,\cdots,X_q)$ 为 $X_1,X_2,\cdots,X_q$ 构成的随机向量，$\alpha_{1i},\alpha_{2i},\cdots,\alpha_{qi}(i=1,2,\cdots,m)$ 为 X 的协方差矩阵 Σ 的特征值所对应的特征向量，$ZX_1,ZX_2,\cdots,ZX_q$ 是原始变量经过标准化处理的值。$A=(\alpha_{ij})_{q\times m}=(\alpha_1,\alpha_2,\cdots,\alpha_m)$，$R_{ai}=\lambda_i\alpha_i$，$R$ 为相关系数矩阵，λ_i、α_i 是相应的特征值和单位特征向量，$\lambda_1\geqslant\lambda_2\geqslant\cdots\geqslant\lambda_q\geqslant 0$。

此外，聚类分析法是依据研究对象（样品或指标）的特征对其进行分类的方法，减少研究对象的数目。简言之，聚类是将数据分到不同的类或者簇的过程，常被用作描述数据、衡量数据源间相似性、数据源分类，主成分分析与聚类分析具体步骤如下。

（1）求模型的特征值和特征向量：对相关系数矩阵进一步计算，可以得出主要竞争力因子对应的特征值、方差贡献率及累计方差贡献率。

（2）提取公共因子：根据方差贡献率原则，选入若干个公共因子。

（3）建立因子得分系数矩阵：对相关循环经济生态效益进行因子得分系数计算，得出因子载荷矩阵表。

（4）求出主成分得分系数：对因子载荷矩阵进行计算，得出主成分系数向量。

（5）建立主成分得分表和综合得分表：通过主成分函数表，得出主成分得分。在此基础上，得到评价模型为

$$W_j = \sum_{i=1}^{m} \alpha_i X'_{ij} \quad (i = 1, 2, \cdots, m; j = 1, 2, \cdots, n)$$

其中，W_j 是第 j 个对象的综合得分值，α_i 是第 i 个因子的方差贡献率，作为主成分的权重，X'_{ij} 是第 j 个对象各个指标相应成分的得分值。通过以上模型进行计算，可得出主成分得分及其综合得分。

（6）进行聚类分析：运用 SPSS 统计软件进行聚类分析，得出聚类分析结果。

第二节　我国省域循环经济生态效益综合评价实证分析

通过对我国省域循环经济生态效益进行实证分析，探究我国省域循环经济生态效益区域性差异，旨在发现影响我国省域循环经济生态效益的因素，并根据实证结果为我国省域循环经济提供决策参考。

一、实证研究对象

为了评价我国省域循环经济生态效益，特选择 2015 年我国 31 个省区市循环经济生态效益原始数据，具体包括：北京、天津、河北、山西、内蒙古、辽宁、吉林、黑龙江、上海、江苏、浙江、安徽、福建、江西、山东、河南、湖北、湖南、广东、广西、海南、重庆、四川、贵州、云南、西藏、陕西、甘肃、青海、宁夏、新疆。

二、实证研究过程

（一）原始数据整理

根据《中国统计年鉴》，收集整理 2015 年我国省域循环经济生态效益原始数

据（表 5-2）。

表 5-2 我国省域循环经济生态效益原始数据

省区市	*C*1	*C*2	*C*3	*C*4	*C*5	*C*6	*C*7	*C*8	*C*9	*C*10	*C*11	*C*12	*C*13
北京	79.7	176.8	0.041 4	100.00	100.00	151 733	25.82	710	592	118	35.84	48.4	2.86
天津	52.2	167.8	0.048 4	100.00	100.00	93 008	53.34	1 546	1524	22	9.87	36.4	23.94
河北	40.2	252.8	0.106 5	99.56	98.81	310 568	403.46	353 72	19 900	14 729	23.41	41.2	5.04
山西	53.2	201.3	0.136 1	98.85	97.31	145 252	350.03	31 794	17 617	11 305	18.03	40.1	0.97
内蒙古	40.5	740.9	0.142 6	98.47	94.09	110 861	324.87	26 669	12 306	7 554	21.03	39.2	5.08
辽宁	46.2	321.0	0.069 2	98.84	94.76	260 045	279.69	32 434	10 029	8 067	38.24	40.3	9.42
吉林	38.8	485.3	0.046 4	93.64	92.46	126 908	131.19	5 385	2 986	1 571	40.38	36.1	5.32
黑龙江	50.7	929.5	0.057 6	97.20	86.61	148 595	174.52	7 495	4 308	1 273	43.16	35.8	11.31
上海	67.8	428.8	0.055 9	100.00	100.00	224 147	59.21	1 868	1 796	72	10.74	38.5	73.27
江苏	48.6	721.0	0.072 9	99.83	99.56	621 303	255.72	10 701	10 207	407	15.80	42.8	27.51
浙江	49.8	336.9	0.082 9	99.95	99.91	433 822	147.57	4 486	4 263	205	59.07	40.6	10.91
安徽	39.1	472.3	0.074 5	98.79	97.55	280 626	174.70	13 059	11 763	1 049	27.53	41.2	7.46
福建	41.6	526.6	0.071 3	99.55	98.56	256 868	105.86	4 956	3 784	1 157	65.95	43.0	7.18
江西	39.1	539.8	0.065 0	97.55	94.83	223 232	150.14	10 777	6 152	272	60.01	44.1	5.45
山东	45.3	216.7	0.081 2	99.95	99.37	559 908	403.21	19 798	18 309	737	16.73	42.3	11.07
河南	40.2	235.6	0.077 8	93.10	86.02	433 487	325.28	14 722	11 456	2 786	21.50	37.7	3.76
湖北	43.1	516.5	0.056 4	98.83	94.49	313 785	151.29	7 750	5 253	2 078	38.40	37.5	7.77
湖南	44.1	488.7	0.050 1	97.30	92.28	314 107	154.69	7 126	4 683	2 014	47.77	39.7	4.81
广东	50.6	410.8	0.072 9	98.46	97.60	911 523	202.30	5 609	5 103	439	51.26	41.4	9.76
广西	38.8	626.8	0.079 4	97.50	94.46	220 066	115.05	6 977	4 388	546	56.51	37.6	3.20
海南	53.3	504.9	0.073 6	98.64	97.77	39 123	14.22	422	268	42	55.38	37.7	9.14
重庆	47.7	263.0	0.055 7	96.87	95.34	149 799	102.56	2 828	2 424	383	38.43	40.3	2.51
四川	43.7	324.9	0.066 3	93.05	92.46	341 607	165.61	12 316	5 507	4 177	35.22	38.7	3.61
贵州	44.9	277.1	0.111 8	95.43	84.06	112 803	155.77	7 055	4 289	1 902	37.09	35.9	1.19
云南	45.1	317.5	0.105 6	97.33	76.79	173 333	134.57	14 109	7 198	4 163	50.03	37.3	1.43
西藏	53.8	960.2	0.039 5	88.06	79.98	5 883	7.52	400	12	41	11.98	42.6	5.35
陕西	40.7	241.0	0.067 8	97.12	94.73	168 122	196.60	9 330	6 102	1 977	41.42	40.6	1.50
甘肃	49.2	459.3	0.161 8	97.28	85.77	67 072	125.33	5 824	3 079	2 260	11.28	30.2	3.73
青海	41.4	457.4	0.272 2	99.06	85.96	23 663	51.47	148 68	7 247	4	5.63	29.8	11.27
宁夏	44.5	1 059.1	0.301 6	96.40	87.26	32 025	95.51	3 430	2 131	929	11.89	37.9	4.00
新疆	44.7	2 478.2	0.231 7	98.81	97.63	99 952	211.07	7 263	4 133	755	4.24	37.5	2.38

续表

省区市	*C*14	*C*15	*C*16	*C*17	*C*18	*C*19	*C*20	*C*21	*C*22	*C*23	*C*24	*C*25
北京	0.043 4	0.691 7	1.060 6	1.327 0	15.007 4	78.8	94 031	16.00	24.58	622.4	23 821	461.7
天津	0.145 2	0.100 0	2.132 4	1.623 3	3.044 1	92.7	37 342	10.13	16.30	223.2	10 200	285.9
河北	0.181 7	0.316 2	0.958 9	0.827 1	0.132 7	96.0	30 130	14.18	12.94	610.5	22 864	564.4
山西	0.218 3	1.027 9	0.790 3	0.534 0	0.401 1	97.2	10 020	11.61	8.53	434.3	13 971	244.9
内蒙古	0.246 2	0.899 7	0.665 3	0.359 3	0.086 3	97.7	5 522	19.28	9.10	321.6	11 253	212.0
辽宁	0.066 3	0.265 5	0.843 7	0.851 8	0.933 0	95.2	25 182	11.52	12.30	888.7	24 687	831.4
吉林	0.086 2	0.604 8	0.612 6	0.830 5	0.188 2	84.7	8 878	12.51	10.62	415.2	13 243	334.5
黑龙江	0.128 2	0.849 0	0.583 7	0.478 9	0.843 7	78.2	18 943	11.98	13.11	409.2	13 673	736.9
上海	0.084 3	0.069 4	1.887 7	2.275 3	2.642 1	100.0	60 623	7.62	12.36	613.2	20 530	785.0
江苏	0.088 7	0.178 8	2.148 6	2.441 3	0.817 1	100.0	250 290	14.55	15.81	1 456.1	52 816	1 673.2
浙江	0.136 6	0.208 0	1.990 3	2.096 1	0.228 7	99.2	234 983	13.19	15.99	1 322.2	47 855	882.1
安徽	0.081 5	0.470 1	1.463 9	1.728 8	0.865 5	99.6	59 039	13.37	11.39	489.7	17 187	646.2
福建	0.172 0	0.982 4	1.335 6	1.144 7	0.200 7	99.2	61 621	12.98	14.44	603.1	19 105	380.8
江西	0.088 4	0.435 0	0.882 0	0.864 1	0.387 8	94.5	24 161	13.96	8.69	311.0	9 740	272.9
山东	0.150 1	0.458 3	2.050 4	1.781 1	0.488 2	100.0	98 101	17.36	14.43	1 377.5	37 648	1 004.2
河南	0.089 2	0.335 0	0.996 8	0.828 5	0.121 7	96.0	47 766	10.16	10.14	856.1	24 307	649.8
湖北	0.053 5	0.420 3	1.378 2	1.233 3	2.671 2	91.5	38 781	11.01	11.84	761.5	22 826	656.0
湖南	0.090 5	0.709 1	1.219 8	1.147 0	0.363 5	99.8	34 075	9.99	13.64	636.9	21 233	586.7
广东	0.047 7	0.132 8	2.088 3	2.514 7	0.910 0	91.6	241 176	17.40	13.52	2 124.6	70 206	1 974.6
广西	0.147 1	6.179 0	0.457 8	0.538 0	0.043 5	98.7	13 573	11.60	9.10	380.3	8 851	689.6
海南	0.035 5	0.388 2	0.302 0	0.285 7	0.059 0	99.8	2 061	12.96	11.25	159.8	4 557	93.4
重庆	0.038 1	0.394 9	1.270 3	1.519 7	0.364 2	98.6	38 914	16.99	11.03	433.9	9 350	273.8
四川	0.039 4	0.752 0	0.744 7	0.714 0	0.939 4	96.8	64 953	11.96	13.52	797.1	22 565	565.9
贵州	0.101 9	0.429 3	0.435 4	0.403 9	0.247 2	93.8	14 115	12.94	11.27	251.7	7 520	144.0
云南	0.158 5	0.888 6	0.454 9	0.464 0	0.380 6	90.0	11 658	10.57	12.62	334.1	9 109	245.2
西藏	0.028 7	3.020 6	0.025 4	0.029 1			198	11.65	9.05			7.4
陕西	0.155 3	0.634 9	0.957 6	0.908 8	4.005 3	98.0	33 350	12.57	15.51	512.4	17 591	337.5
甘肃	0.059 7	1.346 0	0.715 8	0.578 7	1.910 0	64.2	6 912	12.23	9.00	168.7	5 061	160.2
青海	0.204 1	1.440 1	0.269 0	0.408 9	1.939 8	87.2	1 217	10.48	13.25	71.7	1 930	41.9
宁夏	0.358 3	0.595 0	0.688 4	0.626 2	0.120 9	89.9	1 865	18.11	13.97	118.9	3 990	82.0
新疆	0.169 7	1.044 6	0.392 7	0.355 3	0.032 5	80.9	8 761	11.50	16.08	307.4	9 205	241.3

（二）数据标准化处理

利用标准化值对各项指标进行无量纲化处理，公式为

$$X'_{ij}=\frac{X_{ij}-\bar{X}}{S}\quad(i=1,2,\cdots,25;j=1,2,\cdots,31)$$

其中，X'_{ij}为标准化值，即X'_{ij}是j省（区市）第i个指标的标准化值，$\bar{X}$为数据均值，S为标准差。数据标准化是为了消除量纲的影响，可由计算机软件 SPSS 操作完成，其标准化数据见表 5-3。

表 5-3　我国省域循环经济生态效益标准化数据

省区市	C1	C2	C3	C4	C5	C6	C7	C8	C9	C10	C11	C12	C13
北京	3.7720	−0.7984	−0.8407	0.9134	1.0384	−0.4370	−1.3334	−1.0322	−1.1146	−0.6391	0.1907	2.5274	−0.4690
天津	0.5948	−0.8193	−0.7329	0.9134	1.0384	−0.7372	−1.0777	−0.9445	−0.9362	−0.6666	−1.2410	−0.7372	1.1146
河北	−0.7916	−0.6219	0.1616	0.7463	0.8502	0.3751	2.1763	2.6035	2.5824	3.5336	−0.4946	0.5687	−0.3052
山西	0.7104	−0.7415	0.6173	0.4768	0.6130	−0.4701	1.6797	2.2282	2.1453	2.5558	−0.7912	0.2694	−0.6110
内蒙古	−0.7569	0.5116	0.7174	0.3325	0.1039	−0.6459	1.4459	1.6906	1.1283	1.4845	−0.6258	0.0246	−0.3022
辽宁	−0.0984	−0.4635	−0.4127	0.4730	0.2098	0.1168	1.0260	2.2953	0.6923	1.6310	0.3230	0.3238	0.0238
吉林	−0.9534	−0.0820	−0.7637	−1.5012	−0.1538	−0.5639	−0.3542	−0.5419	−0.6562	−0.2242	0.4410	−0.8188	−0.2842
黑龙江	0.4215	0.9496	−0.5912	−0.1497	−1.0788	−0.4530	0.0486	−0.3205	−0.4031	−0.3093	0.5942	−0.9004	0.1658
上海	2.3972	−0.2132	−0.6174	0.9134	1.0384	−0.0667	−1.0231	−0.9108	−0.8841	−0.6523	−1.1931	−0.1659	4.8203
江苏	0.1789	0.4654	−0.3557	0.8488	0.9688	1.9637	0.8032	0.0157	0.7264	−0.5566	−0.9141	1.0040	1.3827
浙江	0.3175	−0.4266	−0.2017	0.8944	1.0241	1.0052	−0.2019	−0.6362	−0.4117	−0.6143	1.4714	0.4054	0.1357
安徽	−0.9187	−0.1122	−0.3311	0.4540	0.6510	0.2220	0.0502	0.2631	1.0244	−0.3733	−0.2675	0.5687	−0.1234
福建	−0.6299	0.0139	−0.3803	0.7425	0.8107	0.1006	−0.5896	−0.5869	−0.5034	−0.3424	1.8506	1.0584	−0.1445
江西	−0.9187	0.0446	−0.4773	−0.0168	0.2209	−0.0714	−0.1780	0.0237	−0.0500	−0.5952	1.5232	1.3576	−0.2744
山东	−0.2024	−0.7057	−0.2279	0.8944	0.9388	1.6498	2.1740	0.9699	2.2778	−0.4624	−0.8629	0.8679	0.1478
河南	−0.7916	−0.6618	−0.2803	−1.7062	−1.1721	1.0035	1.4497	0.4375	0.9656	0.1228	−0.5999	−0.3835	−0.4014
湖北	−0.4566	−0.0095	−0.6097	0.4692	0.1672	0.3915	−0.1673	−0.2938	−0.2222	−0.0794	0.3318	−0.4379	−0.1002
湖南	−0.3410	−0.0741	−0.7067	−0.1117	−0.1823	0.3932	−0.1357	−0.3592	−0.3313	−0.0977	0.8484	0.1606	−0.3225
广东	0.4100	−0.2550	−0.3557	0.3287	0.6589	3.4474	0.3067	−0.5184	−0.2509	−0.5475	1.0408	0.6231	0.0493
广西	−0.9534	0.2466	−0.2556	−0.0358	0.1624	−0.0876	−0.5042	−0.3749	−0.3878	−0.5169	1.3302	−0.4107	−0.4435
海南	0.7219	−0.0365	−0.3449	0.3970	0.6858	−1.0127	−1.4413	−1.0624	−1.1767	−0.6608	1.2679	−0.3835	0.0028
重庆	0.0749	−0.5982	−0.6205	−0.2749	0.3016	−0.4468	−0.6202	−0.8101	−0.7638	−0.5635	0.3335	0.3238	−0.4953
四川	−0.3872	−0.4545	−0.4573	−1.7252	−0.1538	0.5338	−0.0343	0.1851	−0.1735	0.5201	0.1565	−0.1115	−0.4127

续表

省区市	C1	C2	C3	C4	C5	C6	C7	C8	C9	C10	C11	C12	C13
贵州	−0.2486	−0.5655	0.2432	−0.8216	−1.4820	−0.6360	−0.1257	−0.3667	−0.4067	−0.1296	0.2596	−0.8732	−0.5945
云南	−0.2255	−0.4716	0.1478	−0.1003	−2.6315	−0.3265	−0.3227	0.3732	0.1503	0.5161	0.9730	−0.4923	−0.5764
西藏	0.7797	1.0209	−0.8699	−3.6197	−2.1271	−1.1826	−1.5035	−1.0647	−1.2257	−0.6611	−1.1247	0.9495	−0.2820
陕西	−0.7338	−0.6493	−0.4342	−0.1800	0.2051	−0.3532	0.2538	−0.1281	−0.0596	−0.1082	0.4983	0.4054	−0.5712
甘肃	0.2482	−0.1424	1.0130	−0.1193	−1.2116	−0.8698	−0.4086	−0.4958	−0.6384	−0.0274	−1.1633	−2.4239	−0.4036
青海	−0.6530	−0.1468	2.7127	0.5565	−1.1816	−1.0917	−1.0951	0.4528	0.1597	−0.6717	−1.4748	−2.5327	0.1628
宁夏	−0.2948	1.2505	3.1653	−0.4534	−0.9760	−1.0490	−0.6858	−0.7469	−0.8199	−0.4075	−1.1297	−0.3291	−0.3834
新疆	−0.2717	4.5460	2.0891	0.4616	0.6636	−0.7017	0.3882	−0.3449	−0.4366	−0.4572	−1.5514	−0.4379	−0.5051

省区市	C14	C15	C16	C17	C18	C19	C20	C21	C22	C23	C24	C25
北京	−1.0295	−0.1370	0.0567	0.4496	4.9196	−1.6879	0.6276	1.1217	3.6719	0.0480	0.2991	−0.1281
天津	0.3537	−0.6579	1.8071	0.8882	0.6116	−0.0349	−0.1975	−1.0581	1.1010	−0.8250	−0.5882	−0.5266
河北	0.8496	−0.4676	−0.1094	−0.2902	−0.4369	0.3576	−0.3024	0.4459	0.0577	0.0220	0.2367	0.1046
山西	1.3469	0.1590	−0.3848	−0.7240	−0.3402	0.5003	−0.5951	−0.5085	−1.3116	−0.3633	−0.3426	−0.6195
内蒙古	1.7260	0.0461	−0.5889	−0.9826	−0.4536	0.5597	−0.6606	2.3398	−1.1346	−0.6098	−0.5196	−0.6941
辽宁	−0.7184	−0.5122	−0.2976	−0.2537	−0.1487	0.2624	−0.3745	−0.5419	−0.1410	0.6304	0.3555	0.7097
吉林	−0.4480	−0.2135	−0.6750	−0.2852	−0.4169	−0.9862	−0.6117	−0.1743	−0.6627	−0.4051	−0.3900	−0.4164
黑龙江	0.1227	0.0015	−0.7222	−0.8056	−0.1808	−1.7592	−0.4653	−0.3711	0.1105	−0.4182	−0.3620	0.4956
上海	−0.4738	−0.6848	1.4075	1.8532	0.4668	0.8332	0.1414	−1.9902	−0.1224	0.0279	0.0847	0.6046
江苏	−0.4140	−0.5885	1.8336	2.0988	−0.1904	0.8332	2.9017	0.5833	0.9488	1.8712	2.1878	2.6176
浙江	0.2368	−0.5628	1.5750	1.5879	−0.4023	0.7381	2.6789	0.0782	1.0047	1.5784	1.8647	0.8246
安徽	−0.5119	−0.3321	0.7153	1.0443	−0.1730	0.7857	0.1183	0.1451	−0.4236	−0.2422	−0.1331	0.2900
福建	0.7178	0.1189	0.5058	0.1798	−0.4124	0.7381	0.1559	0.0002	0.5235	0.0058	−0.0081	−0.3115
江西	−0.4181	−0.3630	−0.2350	−0.2355	−0.3450	0.1792	−0.3893	0.3642	−1.2619	−0.6329	−0.6182	−0.5560
山东	0.4203	−0.3425	1.6732	1.1217	−0.3088	0.8332	0.6868	1.6268	0.5203	1.6993	1.1998	1.1014
河南	−0.4072	−0.4510	−0.0475	−0.2882	−0.4408	0.3576	−0.0458	−1.0470	−0.8117	0.5591	0.3307	0.2982
湖北	−0.8923	−0.3759	0.5754	0.3110	0.4773	−0.1776	−0.1765	−0.7313	−0.2839	0.3522	0.2343	0.3122
湖南	−0.3896	−0.1217	0.3167	0.1832	−0.3538	0.8095	−0.2450	−1.1101	0.2750	0.0798	0.1305	0.1552
广东	−0.9711	−0.6290	1.7351	2.2075	−0.1570	−0.1657	2.7691	1.6416	0.2378	3.3331	3.3206	3.3006
广西	0.3795	4.6935	−0.9278	−0.7181	−0.4690	0.6786	−0.5434	−0.5122	−1.1346	−0.4814	−0.6761	0.3884
海南	−1.1369	−0.4042	−1.1823	−1.0915	−0.4634	0.8095	−0.7110	−0.0072	−0.4671	−0.9636	−0.9558	−0.9628
重庆	−1.1016	−0.3983	0.3991	0.7348	−0.3535	0.6667	−0.1746	1.4894	−0.5354	−0.3642	−0.6436	−0.5540

续表

省区市	C14	C15	C16	C17	C18	C19	C20	C21	C22	C23	C24	C25	
四川	−1.0839	−0.0839	−0.4593	−0.4576	−0.1464	0.4527	0.2044	−0.3785	0.2378	0.4301	0.2173	0.1080	
贵州	−0.2347	−0.3680	−0.9644	−0.9166	−0.3956	0.0959	−0.5355	−0.0146	−0.4609	−0.7626	−0.7628	−0.8482	
云南	0.5344	0.0363	−0.9326	−0.8276	−0.3476	−0.3560	−0.5713	−0.8947	−0.0417	−0.5824	−0.6593	−0.6188	
西藏	−1.2293	1.9131	−1.6340	−1.4713			−0.7381	−0.4937	−1.1502			−1.1577	
陕西	0.4909	−0.1870	−0.1116	−0.1693	0.9577	0.5954	−0.2556	−0.1520	0.8557	−0.1925	−0.1068	−0.4096	
甘肃	−0.8081	0.4390	−0.5065	−0.6579	0.2032	−3.4241	−0.6404	−0.2783	−1.1657	−0.9441	−0.9230	−0.8114	
青海	1.1540	0.5218	−1.2362	−0.9092	0.2139	−0.6889	−0.7232	−0.9282	0.1540	−1.1563	−1.1269	−1.0796	
宁夏	3.2492	−0.2221	−0.5512	−0.5876	−0.4411	−0.3679	−0.7138	1.9053	0.3775	−1.0530	−0.9927	−0.9887	
新疆	0.6866	0.1737	−1.0341	−0.9885	−0.4729	−1.4381	−0.6134	−0.5494	1.0327	−0.6408	−0.6530	−0.6276	

对标准化数据进行计算，得出相关系数矩阵（表 5-4）。从相关系数表中看出各指标之间存在一定的相关关系，显著性概率为 0.00，相关系数矩阵不太可能是单位阵，适合做主成分分析。

表 5-4　我国省域循环经济生态效益相关系数矩阵

指标	C1	C2	C3	C4	C5	C6	C7	C8	C9	C10	C11	C12	C13
C1	1.00	−0.12	−0.22	0.19	0.22	−0.06	−0.38	−0.34	−0.36	−0.20	−0.16	0.31	0.44
C2	−0.12	1.00	0.47	−0.10	−0.07	−0.22	−0.08	−0.19	−0.22	−0.20	−0.28	−0.12	−0.06
C3	−0.22	0.47	1.00	0.12	−0.26	−0.32	0.05	0.16	0.10	0.09	−0.49	−0.48	−0.18
C4	0.19	−0.10	0.12	1.00	0.66	0.23	0.18	0.20	0.26	0.08	0.06	0.11	0.31
C5	0.22	−0.07	−0.26	0.66	1.00	0.38	0.20	0.07	0.18	0.03	0.09	0.48	0.33
C6	−0.06	−0.22	−0.32	0.23	0.38	1.00	0.46	0.14	0.36	−0.02	0.23	0.37	0.14
C7	−0.38	−0.08	0.05	0.18	0.20	0.46	1.00	0.82	0.91	0.68	−0.16	0.16	−0.18
C8	−0.34	−0.19	0.16	0.20	0.07	0.14	0.82	1.00	0.89	0.88	−0.18	0.05	−0.19
C9	−0.36	−0.22	0.10	0.26	0.18	0.36	0.91	0.89	1.00	0.71	−0.22	0.15	−0.14
C10	−0.20	−0.20	0.09	0.08	0.03	−0.02	0.68	0.88	0.71	1.00	−0.12	0.04	−0.22
C11	−0.16	−0.28	−0.49	0.06	0.09	0.23	−0.16	−0.18	−0.22	−0.12	1.00	0.30	−0.28
C12	0.31	−0.12	−0.48	0.11	0.48	0.37	0.16	0.05	0.15	0.04	0.30	1.00	−0.02
C13	0.44	−0.06	−0.18	0.31	0.33	0.14	−0.18	−0.19	−0.14	−0.22	−0.28	−0.02	1.00
C14	−0.29	0.24	0.71	0.25	−0.06	−0.25	0.27	0.33	0.32	0.29	−0.27	−0.18	−0.11
C15	−0.15	0.20	0.06	−0.29	−0.25	−0.25	−0.21	−0.10	−0.15	−0.10	0.09	−0.13	−0.22
C16	0.20	−0.33	−0.36	0.53	0.65	0.70	0.20	−0.08	0.16	−0.18	0.02	0.36	0.50
C17	0.27	−0.29	−0.37	0.48	0.62	0.73	0.08	−0.18	0.06	−0.28	0.07	0.38	0.54

续表

指标	*C*1	*C*2	*C*3	*C*4	*C*5	*C*6	*C*7	*C*8	*C*9	*C*10	*C*11	*C*12	*C*13
*C*18	0.73	−0.22	−0.20	0.26	0.22	−0.12	−0.34	−0.26	−0.28	−0.19	−0.07	0.37	0.07
*C*19	−0.23	−0.30	−0.32	0.12	0.40	0.34	0.24	0.21	0.32	0.11	0.26	0.43	0.21
*C*20	0.22	−0.16	−0.27	0.32	0.46	0.83	0.15	−0.13	0.08	−0.23	0.18	0.42	0.26
*C*21	−0.04	0.01	0.17	0.13	0.21	0.24	0.26	0.10	0.19	0.04	0.06	0.40	−0.34
*C*22	0.52	0.02	−0.04	0.41	0.38	0.17	−0.17	−0.26	−0.19	−0.25	−0.02	0.39	0.10
*C*23	0.11	−0.19	−0.37	0.18	0.40	0.96	0.39	0.08	0.26	−0.05	0.18	0.46	0.16
*C*24	0.16	−0.18	−0.36	0.25	0.44	0.94	0.35	0.05	0.23	−0.05	0.17	0.48	0.20
*C*25	0.09	−0.13	−0.35	0.31	0.42	0.93	0.35	0.07	0.24	−0.07	0.17	0.33	0.32
指标	*C*14	*C*15	*C*16	*C*17	*C*18	*C*19	*C*20	*C*21	*C*22	*C*23	*C*24	*C*25	
*C*1	−0.29	−0.15	0.20	0.27	0.73	−0.23	0.22	−0.04	0.52	0.11	0.16	0.09	
*C*2	0.24	0.20	−0.33	−0.29	−0.22	−0.30	−0.16	0.01	0.02	−0.19	−0.18	−0.13	
*C*3	0.71	0.06	−0.36	−0.37	−0.20	−0.32	−0.27	0.17	−0.04	−0.37	−0.36	−0.35	
*C*4	0.25	−0.29	0.53	0.48	0.26	0.12	0.32	0.13	0.41	0.18	0.25	0.31	
*C*5	−0.06	−0.25	0.65	0.62	0.22	0.40	0.46	0.21	0.38	0.40	0.44	0.42	
*C*6	−0.25	−0.25	0.70	0.73	−0.12	0.34	0.83	0.24	0.17	0.96	0.94	0.93	
*C*7	0.27	−0.21	0.20	0.08	−0.34	0.24	0.15	0.26	−0.17	0.39	0.35	0.35	
*C*8	0.33	−0.10	−0.08	−0.18	−0.26	0.21	−0.13	0.10	−0.26	0.08	0.05	0.07	
*C*9	0.32	−0.15	0.16	0.06	−0.28	0.32	0.08	0.19	−0.19	0.26	0.23	0.24	
*C*10	0.29	−0.10	−0.18	−0.28	−0.19	0.11	−0.23	0.04	−0.25	−0.05	−0.05	−0.07	
*C*11	−0.27	0.09	0.02	0.07	−0.07	0.26	0.18	0.06	−0.02	0.18	0.17	0.17	
*C*12	−0.18	−0.13	0.36	0.38	0.37	0.43	0.42	0.40	0.39	0.46	0.48	0.33	
*C*13	−0.11	−0.22	0.50	0.54	0.07	0.21	0.26	−0.34	0.10	0.16	0.20	0.32	
*C*14	1.00	0.07	−0.13	−0.25	−0.24	0.05	−0.23	0.24	0.01	−0.32	−0.29	−0.27	
*C*15	0.07	1.00	−0.45	−0.41	−0.07	−0.05	−0.29	−0.14	−0.30	−0.25	−0.29	−0.18	
*C*16	−0.13	−0.45	1.00	0.95	0.11	0.36	0.76	0.15	0.37	0.71	0.74	0.70	
*C*17	−0.25	−0.41	0.95	1.00	0.16	0.33	0.82	0.16	0.39	0.74	0.78	0.77	
*C*18	−0.24	−0.07	0.11	0.16	1.00	−0.34	0.10	0.06	0.71	−0.01	0.05	−0.03	
*C*19	0.05	−0.05	0.36	0.33	−0.34	1.00	0.24	0.05	−0.14	0.29	0.27	0.24	
*C*20	−0.23	−0.29	0.76	0.82	0.10	0.24	1.00	0.28	0.42	0.88	0.93	0.84	
*C*21	0.24	−0.14	0.15	0.16	0.06	0.05	0.28	1.00	0.13	0.26	0.26	0.17	
*C*22	0.01	−0.30	0.37	0.39	0.71	−0.14	0.42	0.13	1.00	0.26	0.32	0.23	
*C*23	−0.32	−0.25	0.71	0.74	−0.01	0.29	0.88	0.26	0.26	1.00	0.98	0.93	

续表

指标	$C14$	$C15$	$C16$	$C17$	$C18$	$C19$	$C20$	$C21$	$C22$	$C23$	$C24$	$C25$	
$C24$	−0.29	−0.29	0.74	0.78	0.05	0.27	0.93	0.26	0.32	0.98	1.00	0.93	
$C25$	−0.27	−0.18	0.70	0.77	−0.03	0.24	0.84	0.17	0.23	0.93	0.93	1.00	

（三）主成分分析与聚类分析

1. 求模型的特征值和特征向量

对我国省域循环经济生态效益相关系数矩阵进一步计算，可以得出 25 个竞争力因子对应的特征值、方差贡献率及累计方差贡献率，见表 5-5。

表 5-5　各主因子对应特征值、方差贡献率及累计方差贡献率

因子序号	初始特征值			提取因子后的载荷平方和		
	特征值	方差贡献率	累计方差贡献率	特征值	方差贡献率	累计方差贡献率
1	7.9228	31.69%	31.69%	7.9228	31.69%	31.69%
2	4.5314	18.13%	49.82%	4.5314	18.13%	49.82%
3	2.5672	10.27%	60.09%	2.5672	10.27%	60.09%
4	2.0401	8.16%	68.25%	2.0401	8.16%	68.25%
5	1.8206	7.28%	75.53%	1.8206	7.28%	75.53%
6	1.4833	5.93%	81.46%	1.4833	5.93%	81.46%
7	1.0152	4.06%	85.52%	1.0152	4.06%	85.52%
8	0.7873	3.15%	88.67%			
9	0.6055	2.42%	91.09%			
10	0.5323	2.13%	93.22%			
11	0.4627	1.85%	95.07%			
12	0.2869	1.15%	96.22%			
13	0.2629	1.05%	97.27%			
14	0.1548	0.62%	97.89%			
15	0.1436	0.57%	98.46%			
16	0.1065	0.43%	98.89%			
17	0.0923	0.37%	99.26%			
18	0.0544	0.22%	99.48%			
19	0.0429	0.17%	99.65%			
20	0.0397	0.16%	99.81%			

续表

因子序号	初始特征值			提取因子后的载荷平方和		
	特征值	方差贡献率	累计方差贡献率	特征值	方差贡献率	累计方差贡献率
21	0.0244	0.10%	99.91%			
22	0.0152	0.06%	99.97%			
23	0.0041	0.02%	99.99%			
24	0.0031	0.01%	100.00%			
25	0.0008	0.00%	100.00%			

2. 提取公共因子

根据方差贡献率原则，选入 7 个公共因子，其累计方差贡献率为 85.52%，基本反映了 25 个指标，见表 5-6。

表 5-6　各个主因子方差贡献率

项目	F_1	F_2	F_3	F_4	F_5	F_6	F_7
特征值	7.9228	4.5314	2.5672	2.0401	1.8206	1.4833	1.0152
方差贡献率	31.69%	18.13%	10.27%	8.16%	7.28%	5.93%	4.06%
累计方差贡献率	31.69%	49.82%	60.09%	68.25%	75.53%	81.46%	85.52%

3. 建立因子得分系数矩阵

对我国省域循环经济生态效益进行因子得分系数计算，可得因子载荷矩阵（表 5-7）。

表 5-7　因子载荷矩阵

*a*1	*a*2	*a*3	*a*4	*a*5	*a*6	*a*7
0.33	−0.59	0.45	−0.29	−0.09	−0.22	0.10
−0.28	−0.07	0.26	0.57	0.27	0.19	0.25
−0.54	0.15	0.48	0.53	0.21	0.01	−0.07
0.40	−0.08	0.60	−0.04	−0.15	0.35	0.25
0.63	−0.04	0.31	−0.18	−0.10	0.45	0.12
0.85	0.30	−0.24	0.22	0.12	−0.14	0.08
0.20	0.90	0.14	−0.03	0.03	−0.16	0.06
−0.07	0.88	0.24	−0.26	−0.11	−0.13	0.13
0.14	0.90	0.23	−0.14	−0.10	−0.08	0.06
−0.16	0.75	0.23	−0.40	−0.11	−0.17	0.10
0.17	−0.12	−0.68	−0.36	0.31	0.31	0.08

续表

a1	a2	a3	a4	a5	a6	a7
0.64	0.06	0.14	−0.48	0.32	0.30	−0.06
0.38	−0.30	0.22	0.22	−0.72	0.07	0.02
−0.39	0.35	0.50	0.28	0.15	0.34	−0.12
−0.34	0.00	−0.21	0.05	0.15	0.33	0.70
0.88	−0.06	0.10	0.14	−0.23	0.08	−0.17
0.91	−0.16	0.04	0.17	−0.18	0.05	−0.12
0.20	−0.57	0.42	−0.49	0.21	−0.27	0.13
0.38	0.36	−0.21	−0.16	−0.28	0.60	−0.21
0.90	−0.03	−0.04	0.25	0.17	−0.06	0.01
0.23	0.23	0.21	0.01	0.66	0.17	−0.36
0.41	−0.47	0.47	−0.13	0.34	−0.09	0.02
0.90	0.23	−0.14	0.18	0.16	−0.17	0.08
0.92	0.18	−0.08	0.18	0.16	−0.16	0.07
0.86	0.16	−0.15	0.26	0.04	−0.15	0.24

4. 求出主成分得分系数

将表 5-7 的每列系数，除以其相应特征值的算术平方根，得出主成分得分系数，见表 5-8。

表 5-8　主成分得分系数

Z1	Z2	Z3	Z4	Z5	Z6	Z7
0.12	−0.28	0.28	−0.20	−0.07	−0.18	0.10
−0.10	−0.03	0.16	0.40	0.20	0.16	0.25
−0.19	0.07	0.30	0.37	0.16	0.01	−0.07
0.14	−0.04	0.37	−0.03	−0.11	0.29	0.25
0.22	−0.02	0.19	−0.13	−0.07	0.37	0.12
0.30	0.14	−0.15	0.15	0.09	−0.12	0.08
0.07	0.42	0.09	−0.02	0.02	−0.13	0.06
−0.02	0.41	0.15	−0.18	−0.08	−0.11	0.13
0.05	0.42	0.14	−0.10	−0.07	−0.07	0.06
−0.06	0.35	0.14	−0.28	−0.08	−0.14	0.10
0.06	−0.06	−0.42	−0.25	0.23	0.25	0.08
0.23	0.03	0.09	−0.34	0.24	0.25	−0.06

续表

Z1	Z2	Z3	Z4	Z5	Z6	Z7
0.14	−0.14	0.14	0.15	−0.53	0.06	0.02
−0.14	0.16	0.31	0.20	0.11	0.28	−0.12
−0.12	0.00	−0.13	0.04	0.11	0.27	0.69
0.31	−0.03	0.06	0.10	−0.17	0.07	−0.17
0.32	−0.08	0.02	0.12	−0.13	0.04	−0.12
0.07	−0.27	0.26	−0.34	0.16	−0.22	0.13
0.14	0.17	−0.13	−0.11	−0.21	0.49	−0.21
0.32	−0.01	−0.02	0.18	0.13	−0.05	0.01
0.08	0.11	0.13	0.01	0.49	0.14	−0.36
0.15	−0.22	0.29	−0.09	0.25	−0.07	0.02
0.32	0.11	−0.09	0.13	0.12	−0.14	0.08
0.33	0.08	−0.05	0.13	0.12	−0.13	0.07
0.31	0.08	−0.09	0.18	0.03	−0.12	0.24

根据表 5-8 中的主成分得分系数，主成分函数的表达式为

$$\begin{cases} F_1 = 0.12 \times ZX_1 - 0.10 \times ZX_2 + \cdots + 0.31 \times ZX_{25} \\ F_2 = -0.28 \times ZX_1 - 0.03 \times ZX_2 + \cdots + 0.08 \times ZX_{25} \\ F_3 = 0.28 \times ZX_1 + 0.16 \times ZX_2 + \cdots - 0.09 \times ZX_{25} \\ F_4 = -0.20 \times ZX_1 + 0.40 \times ZX_2 + \cdots + 0.18 \times ZX_{25} \\ F_5 = -0.07 \times ZX_1 + 0.20 \times ZX_2 + \cdots + 0.03 \times ZX_{25} \\ F_6 = -0.18 \times ZX_1 + 0.16 \times ZX_2 + \cdots - 0.12 \times ZX_{25} \\ F_7 = 0.10 \times ZX_1 + 0.25 \times ZX_2 + \cdots + 0.24 \times ZX_{25} \end{cases}$$

5. 建立主成分得分表和综合得分表

通过主成分函数表达式，得出主成分得分。在此基础上，我国省域循环经济生态效益的分析评价模型为

$$W_j = \sum_{i=1}^{7} \alpha_i X'_{ij} \quad (i = 1, 2, \cdots, 7; j = 1, 2, \cdots, 31)$$

其中，W_j 是 j 省的综合得分值，α_i 是第 i 个因子的方差贡献率，作为主成分的权重，X'_{ij} 是 j 省各个指标相应成分的得分值。通过以上模型进行计算，得出主成分得分及其综合得分（表 5-9）。

表 5-9　主成分得分及其综合得分

省区市	F_1	F_2	F_3	F_4	F_5	F_6	F_7	总分	排名
北京	2.64	−5.34	3.28	−3.95	2.84	−1.37	0.76	0.0394	12
天津	0.57	−2.78	1.49	−0.09	−2.26	0.47	−0.76	−0.3452	20
河北	0.28	5.04	2.02	−1.79	−0.45	−0.26	0.39	1.0315	5
山西	−1.37	3.90	1.91	−1.73	−1.13	−0.01	0.63	0.2706	8
内蒙古	−2.01	3.42	1.67	−0.29	0.74	1.07	−0.70	0.2198	9
辽宁	0.61	2.31	0.10	−1.51	−0.75	−0.82	0.82	0.4292	7
吉林	−1.87	−0.65	−2.09	0.05	0.07	−0.81	−0.59	−0.9879	26
黑龙江	−1.63	−1.00	−0.53	0.52	0.38	−1.23	0.85	−0.7206	24
上海	2.64	−3.25	1.45	0.72	−4.84	0.36	0.22	0.1330	11
江苏	6.15	0.72	0.73	2.04	−0.12	−0.14	0.27	2.3148	2
浙江	4.46	−0.67	−0.45	0.90	0.58	0.92	−0.28	1.4045	4
安徽	1.07	0.74	−0.16	−0.12	−0.62	0.85	−0.47	0.4332	6
福建	0.76	−0.66	−0.62	−0.51	0.61	2.33	−0.15	0.1924	10
江西	−0.63	0.08	−1.51	−0.99	0.41	1.35	−0.66	−0.3379	18
山东	4.01	2.95	1.28	0.42	0.31	0.18	−0.42	1.9875	3
河南	−0.24	2.08	−1.94	0.34	−0.57	−2.06	−0.54	−0.0560	14
湖北	0.70	−0.56	−0.78	−0.09	−0.56	−0.41	0.35	−0.0180	13
湖南	0.39	−0.33	−1.45	−0.34	−0.38	0.32	0.06	−0.1191	15
广东	7.25	0.43	−1.54	2.11	1.90	−1.18	0.27	2.4688	1
广西	−2.05	−0.07	−2.45	0.26	0.52	2.57	3.59	−0.5567	22
海南	−1.80	−2.30	−1.17	−1.14	−0.41	1.45	−0.43	−1.1619	28
重庆	0.08	−1.13	−1.19	−0.72	0.25	0.83	−1.66	−0.3605	21
四川	−0.12	0.37	−1.96	−0.54	0.26	−1.22	−0.26	−0.2803	17
贵州	−2.65	−0.28	−1.38	−0.22	0.12	−0.76	−1.07	−1.1300	27
云南	−2.63	0.28	−1.09	−0.48	0.14	−0.97	−0.04	−0.9827	25
西藏									
陕西	−0.25	−0.18	−0.16	−1.22	0.56	0.40	−0.49	−0.1832	16
甘肃	−3.59	−1.45	0.06	1.15	−0.27	−2.77	0.65	−1.4581	30
青海	−4.24	−0.61	1.56	1.79	−0.79	−0.57	0.26	−1.2287	29
宁夏	−3.62	−0.38	2.28	2.51	2.01	1.06	−2.04	−0.6507	23
新疆	−2.88	−0.66	2.64	2.88	1.41	0.44	1.46	−0.3382	19

6. 进行聚类分析

以表 5-9 数据为基础，运用 SPSS 统计软件进行聚类分析，得出聚类分析结果（图 5-1）。

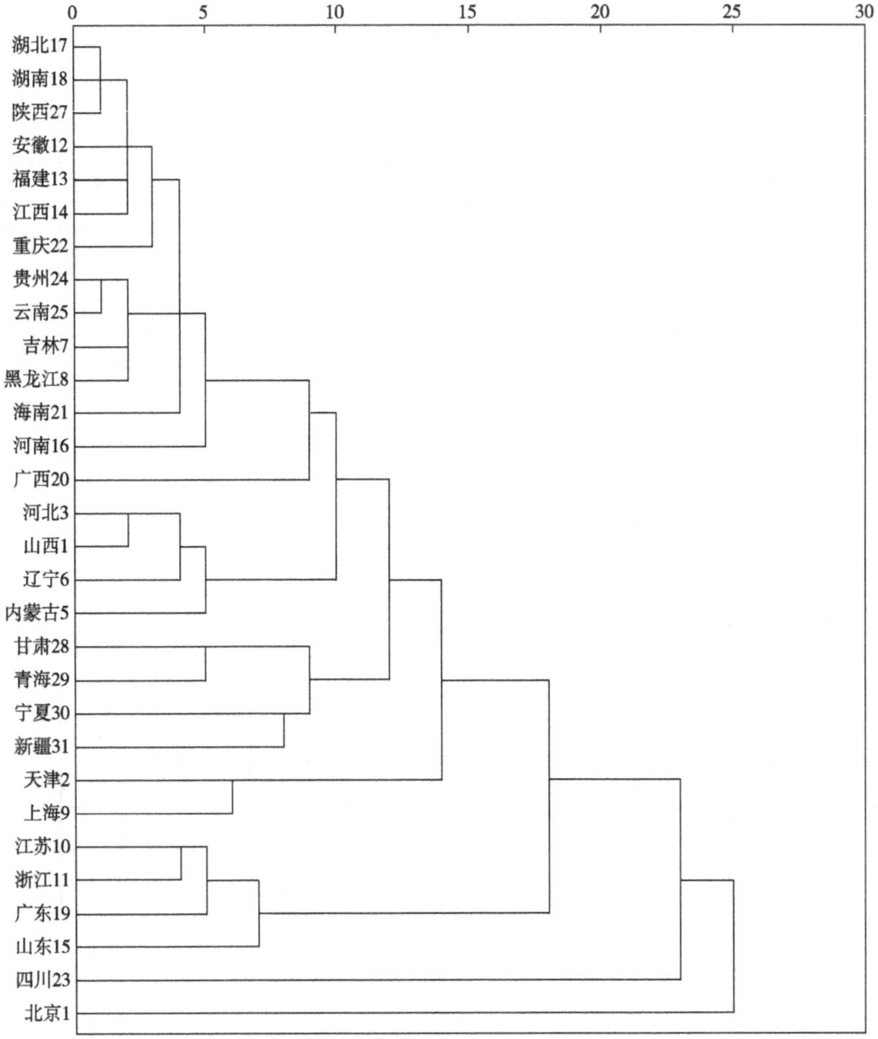

图 5-1 聚类分析

三、实证研究结果

将全国分为四大区域，即东部地区、东北地区、中部地区、西部地区，其中，东部地区包括北京、天津、河北、上海、江苏、浙江、福建、山东、广东、海南等10个省市，东北地区包括辽宁、吉林、黑龙江等3个省份，中部地区包括江西、河南、湖北、湖南、山西、安徽等6个省份，西部地区包括重庆、四川、贵州、云南、陕西、甘肃、青海、宁夏、新疆、内蒙古、广西、西藏等12个省区市。因西藏缺乏部分循环经济生态效益数据，难以统计分析出相关结果。

从主成分分析与聚类分析结果来看，东部地区的广东、江苏、山东、浙江等4个省份的循环经济生态效益发展较好，综合得分均超过1.4，分别达到2.4688、2.3148、1.9875、1.4045；西部地区的甘肃、青海、贵州、云南、宁夏等5个省区，以及东部地区的海南、东北地区的吉林与黑龙江的循环经济生态效益发展较差，综合得分均低于−0.6。若从四大区域来看，目前我国省域循环经济发展水平差异显著，不均衡发展态势明显，优次顺序为东部地区、中部地区、东北地区、西部地区，尤其是广东、江苏、山东、浙江等省份发展循环经济的经验值得总结借鉴、推广应用。

第六章　我国省域循环经济的发展层次、模式和对策探讨

国外关于区域循环经济发展的研究，主要集中在循环经济的典型模式、重点领域、发展途径等方面。在循环经济典型模式的研究上，德国、日本、美国等发达国家在 20 世纪 70 年代开始探索循环经济的发展道路，在技术、法律、政策等方面形成了较为系统的循环经济推进模式，并结合各自发展特色形成了循环经济的四种典型模式：杜邦模式（企业内部的循环经济发展模式）、卡伦堡模式（生态工业园循环经济发展模式）、双元回收系统模式（社会层面的废弃物回收再利用体系）、日本的循环型社会发展模式[109]。在循环经济重点领域选择的研究上，作为市场经济发达国家典型代表的美国，企业是其经济社会中的主体，因此美国的循环经济发展模式大部分体现在企业和消费者领域[110]。德国的循环经济模式重点突出以循环为目的的废物减量化模式，在能源领域和垃圾减量化处理领域出台政策，构建了德国特色的双元回收系统模式[111]。日本利用大量环境保护技术，把国家发展战略从"技术立国"转向"环境立国"，发展模式经历了"末端治理"为主、节能为主和全面建设循环型社会三个阶段[112]。丹麦形成企业之间的代谢与共生关系，并把某些企业的废水、废气、废渣和废热等，作为其他企业的原辅材料和能源进行综合利用[113]。在循环经济发展途径的研究上，主要体现在提高资源和产品的循环利用、源头预防污染物的产生、产品生态化设计、建立生态工业园区、技术创新、政府推动等方面，具体包括循环生产、绿色消费、产业集群、发展技术、出台政策、完善机制等措施[114, 115]。

20 世纪 70 年代，国外专家学者开展了循环经济政策体系的研究工作，并在部分国家开展相应的实践活动，形成包括法律手段、财税手段、行政手段、投资手段和其他手段的对策体系。在循环经济对策共性特征的研究上，国外循环经济对策体系的共性特征主要包括：完备的环境保护立法是前提，健全组织和完善责任追究制是可靠保证，科学合理的总量削减计划是关键，必要的经济支持和优惠

政策是重要条件，开发处理技术、加强技术推广是有效手段，普及环保知识、发挥公众参与监督作用是重要措施[116]。在循环经济对策自身特色的研究上，日本、美国、韩国在发展循环经济过程中注重以“中观系统”生态工业园区建设为重点，推动废弃物的资源化、产业化发展。欧盟形成包括市场化运作、生产者责任制、发挥中介优势、鼓励公众参与、分层次推进等在内的循环经济发展措施，建立起全方位、多层次、宽领域、协调有序的政策体系[117]。德国更加注重运用法律法规来规范废弃物的处置和综合利用，并逐步完善生产者责任扩大制度、循环名录制度、市场准入制度、政府投资与激励制度、技术工艺标准及技术性指导制度[118]。此外，国外专家学者还从发展清洁生产技术、推广产品服务系统、加强废弃物管理等方面，提出发展循环经济的对策建议[119~122]。

国内关于区域循环经济发展的研究，主要集中在产业布局、地理区域、具体环节等方面。在循环经济产业布局的研究上，主要从打造循环型农业、循环型工业、循环型服务业等方面研究循环经济。国家发展改革委原副主任解振华指出，要从农业、工业、服务业各产业，城市、园区、企业各层面，生产、流通、消费各环节，探索具有我国特色的循环经济发展模式[123]。齐建国提出大力发展循环经济，促进碳循环和碳汇产业发展[124]。孟赤兵指出，我国循环经济探索实践具有鲜明的中国特色[125]。孔令丞等分析了废弃物交换的共生、组织内部的交换，以及更广区域的虚拟企业等产业共生合作模式[126]。刘炜提出“箭式发展模式”，并认为动脉产业生态化和静脉资源产业化是这一发展模式的助推器[127]。在循环经济地理区域的研究上，主要从建设循环型企业、生态工业园区、循环型社会等方面研究循环经济。赵静等从循环经济发展脉络、前沿趋势和热门主题等方面，对国内外循环经济进行可视化比较分析[128]。陈瑾瑜认为不同的区域需要不同的循环经济发展模式，东、西部分别以企业、政府为主导[129]。高珊等以优化开发区、重点开发区、限制开发区、禁止开发区四大类型主体功能区为基础，细分为内源自生型、内外共进型、外源推动型、外源强制型、协同优化型、调整创新型、资源重组型、重点突破型等八种循环经济发展模式[130]。在循环经济具体环节的研究上，主要从循环经济发展过程的角度研究循环经济。金涌等提出高能效多联产路线及煤化工和石化、冶金等产业的共生路线，并认为这是低碳理念指导下的我国煤化工产业发展思路[131]。慈福义等研究了区域循环经济，提出空间组合战略模式、优势导向战略模式和技术创新战略模式[132]。与之不同，徐玖平与卢毅提出清洁生产模式、多级联结模式、生态农业模式、家庭沼气模式和商业回收模式[133]。王康从战略发展的角度，提出发达地区的自然转型战略、东北老工业基地的资源型战略、西部地区的跨越式发展战略[134]。

国内学者从我国资源环境承载力、社会经济发展、循环经济发展等实际出发，侧重于从法律法规、经济对策及教育、行政、技术等方面研究循环经济发展。在循环经济法律法规的研究上，叶文虎和甘晖提出，应加快完善循环经济的法律体系，进一步提高其操作性，并在给予循环经济企业适当财政补贴和税收减免的同时，注意培育多数循环经济企业的自生能力[135]。段海燕等则从循环经济立法现状、立法体系、基本法律制度、法律法规国际比较等方面，对循环经济法律法规体系进行研究[136]。在循环经济政策措施的研究上，李云燕和张彪建议必须完善重点行业的产业组织政策、结构政策、布局政策等[137]。牛文元等强调，充分运用价格、财政、金融、投资等政策激励循环经济发展[138]。刘素姣指出，通过出台税收、信贷、价格或奖惩制度激励循环经济发展[139]。王军等认为，合理的产业废弃物税能更好地促进资源的合理利用[140]。国内一些学者还对循环经济政策体系的其他方面进行了研究。肖华茂和彭剑认为循环经济发展动力包括内在驱动力和外部约束力，即利润、技术、社会责任、绿色理念等[141]。任勇和周国梅提出通过梳理、整合有利于循环经济发展的政策和制定新的政策两条途径完善循环经济政策体系，包括基本政策、环境政策及监督管理、可持续发展政策[142]。王国印认为，必须建立健全各利益相关主体之间的责任落实、收益分享、风险分担、共同发展的机制和体制[143]。乔琦等提出管理监督、技术支撑、统计制度、宣传教育、人才培养、交流合作、组织领导等方面措施，以此安全高效发展循环经济[144]。程东波针对原始设备制造商（original equipment manufacturer，OEM）执行生产者责任延伸（extended producer responsibility，EPR）制度处置最终完成（end of life，EOL）产品存在的问题，提出了一种基于循环经济的 EOL 产品双闭环供应链[145]。

通过区域循环经济发展模式与路径的研究梳理，发现以往的研究偏倚于平面化分析区域循环经济发展实际，缺乏从博弈论角度开展循环经济研究，未能很好地触及影响我国省域循环经济生态效益提升的主体要素，使得研究不够有力、深刻。本书利用博弈论和多目标决策等方法，构建多个利益相关者的博弈模型，据此分析各利益相关者的博弈行为与策略选择，旨在寻求我国省域循环经济发展过程中利益相关者的“纳什均衡”，为提升我国省域循环经济生态效益提供重要抓手和方向。通过区域循环经济发展对策的研究梳理，发现以往的研究较为宽泛地提出循环经济发展对策，或以定性研究和理论分析为主，缺乏针对循环经济内涵实质的相关研究。本书从我国省域循环经济的发展现状、区域特点、体制机制等实际情况出发，研究提出促进我国省域循环经济生态效益提升的发展模式、对策和保障措施，在此基础上对实施相关对策和措施的我国省域循环经济生态效益进行系统仿真分析，实现了理论研究与实证分析、凝练总结与论证分析的有机结合，增强了研究结论的可信度和研究成果的推广度。我国省域循环经济是涉及经济、社会、资源、环境等多方面的综合系统，影响因素众多，并且有些因子对不同地区的影响程度也不尽相同[146]。基于此，我国省域循环经济要针对不同发展层次，采取相应的发展模式和发展对策，使其高质量、可持续发展。

第一节　我国省域循环经济发展层次

我国省域循环经济主要包括宏观层面、中观层面和微观层面，分别体现在社会循环经济系统、生态产业园区、生态企业，并提出了不同的发展模式、发展对策等要求，因此需要有的放矢、各有侧重、相互结合。

一、宏观层面：社会循环经济系统

循环经济关乎生产、流通和消费等各个环节，因此，除了产业园区、生态企业之外，还对消费者等社会所有成员提出要求。社会循环经济系统是基于“两型社会”发展起来的，属于循环经济发展的高级阶段，涉及社会的各个层面，需要政府、企业、公众等循环经济主体的共同参与，旨在全方位促进经济、社会、生态的可持续发展。社会层次的循环经济作为一项系统工程，不仅要求企业和园区从生产、流通、销售等全方位贯彻循环经济原则，而且要求每位成员、每个单位、各个组织、所有家庭在生产与生活中自觉践行循环经济原则，为循环经济发展贡献应有之力，创设良好环境。因此，只有构建循环型社会，才能为推行循环经济发展模式提供必要的社会环境和支撑条件。

循环经济不仅是人化自然的物质循环，还是自在自然的物质循环，可以通过人类劳动或自身发展实现生态还原和修复[147]。新时代，随着我国工业化、现代化、城市化的深入发展，经济社会与资源环境协调发展的矛盾将会越来越突出，大力发展循环经济已成为促进我国经济社会可持续发展的必然选择。社会循环经济系统强调人与自然、人与人、人与社会的和谐共处，追求人与自然的和谐、社会与人的发展，健全生产、消费、废物处理、城市管理等一体化的生态网络系统，建设内容涵盖产业体系、基础设施、人文生态和社会消费等方方面面。全社会要大力提倡适度消费和绿色消费，逐步养成节约资源与保护环境的生产方式、生活习惯和消费行为。由此可见，社会循环经济系统亟待政府、园区、企业、社会的积极参与，通过建立健全法规、政策、技术、激励、宣传、教育、文化等体系，实现经济、社会和环境的全面、协调、可持续发展。

二、中观层面：生态产业园区

生态产业园区按照“生产者—消费者—分解者”的循环发展路径，坚持产业转型升级、转变经济发展方式，设计物质、能量、技术、信息的多级利用体系和闭合循环系统，并通过产业布局集中、基础设施共享、资源节约利用、“三废”循环回收、污染最低排放，最大限度形成园区及其企业之间集成优化、代谢共生、共建共享的全产业链或产业体系。生态产业园区建设要遵循统筹规划与重点推进、存量改造与增量构建、技术进步与强化管理、产业发展与环境保护、市场主导与政府引导相结合的基本原则，以空间布局合理化、产业结构最优化、产业链接循环化、资源利用高效化、污染治理集中化、基础设施绿色化、运行管理规范化为目标，不断健全生态产业园区的整体布局、产业结构、产业链条、共享机制，进一步缓解资源环境压力、提升企业综合效益、强化园区竞争能力、提高管理服务水平。

目前，生态产业园区主要有单一共生型模式、网络共生型模式、虚拟共生型模式，其中，单一共生型模式的所有共生企业受控于一家核心企业或集团公司，网络共生型模式的中小企业围绕相应核心企业形成共生关系，虚拟共生型模式是包括附近居民区、生产服务合作伙伴在内的虚拟型企业群落。共生型模式因其供需关系平衡、产业多元多样、组织空间高效、网络结构开放、网络效益良好等特性，具有较好的稳定性，但也存在关系风险（表现为竞争失衡、受益矛盾、投机行为等）和结构风险（表现为刚性制约、依赖性强、地域限制、文化差别等）。因此，需要通过建立信用与惩罚机制、完善基础设施服务、发挥政府管理与协调功能、鼓励和支持企业技术创新等方式，维持生态产业园区的共生网络稳定性。

三、微观层面：生态企业

循环经济是在经济系统和生态系统之间建立有效链接，进行资源化处理，从生产源头上减少投入和排放，这就要求企业采用科学化生产模式，着力建设生态型、循环型企业。生态企业要按照循环经济原理，遵循生态经济、可持续发展规律，通过践行循环经济的“3R”原则，对资源进行高效利用，对环境进行有效保护，并最大限度满足社会需求。具体而言，企业应当大力推进清洁生产，通过采购节能原材料、优化产品设计、改进生产工艺流程、创新管理模式等方式，从源头上减少资源浪费、控制环境污染、降低生产成本、提高经济效益。除此之外，生态企业在破解国际贸易的绿色壁垒、环境壁垒等问题上，也应有所担当、主动作为，要通过建立生态产业链、集约化经营、内涵式增长，为资源利用最大化和环境污染最小化贡献应有之力。

企业层面的循环经济是循环经济发展的基本单元，对于循环经济发展具有不可替代的作用。当前，循环经济作为企业可持续发展的一种新模式，在我国虽有一定发展，但在更多的企业，没有被真正地接受并实施。企业传统的粗放型经济发展模式高投入、低产出，造成资源的极大浪费，与循环经济的要求恰恰相反，我国企业尚未实现向循环经济发展模式的根本转变[148]。因此，我国企业要坚持企业伦理与环境伦理相结合，借鉴杜邦模式、卡伦堡模式等国外生态企业典型模式的发展经验，将环境保护和循环经济理念贯穿于企业发展全过程，把经营目标由短期利润转变为长远发展，在政府宏观调控与市场机制调节的共同作用下，逐渐形成一个协调可持续的共生体系，致力于打造科技企业与造福社会、环保节能与低碳循环融合发展的现代化企业，走出一条资源节约型、环境友好型的生态企业发展之路。

第二节　我国省域循环经济发展模式

立足我国省域循环经济发展实际，进行优化开发区域、重点开发区域、限制开发区域、禁止开发区域等主体功能区划分，由此针对性地采取分区分类循环经济发展对策，推动我国省域循环经济模式创新进程。

一、优化开发区域：内源自生型

循环经济优化开发区域具有综合实力较强、经济规模较大、城镇体系健全、经济联系紧密、科技实力较强等特点，体现国家竞争力，带动全国经济发展、自主创新和结构升级，拥有特大城市群，区域一体化基础好，属于全国重要的人口、经济和创新密集区。开发密度较高、资源环境承载能力减弱的区域面临产业转型的趋势，其经济增长模式应由资源损耗型向节约型转型，由单纯追求 GDP 增长转向低碳型、节约型产业发展。该区域资源耗损过高、环境污染严重、资源环境承载能力较弱，亟待产业转型升级，未来发展方向为节能减排、高新技术、节约型、低碳型产业，该区域以东部、东北地区为主。

作为优化开发区域，应当率先加快转变经济发展方式、调整经济结构，进一步优化空间结构、城镇布局、人口分布、产业结构、发展方式、基础设施、生态系统，更加提升参与全球分工竞争和循环经济竞合发展的层次。优化开发区域要依据国际先进水平，严格产业准入环境标准，注重从源头上控制污染，对经济开发区、工业集中区按照发展循环经济要求进行科学合理的规划、建设、改造和提升，各类建设项目根据需要进行环境影响评估和环境风险防范。除此之外，对于循环经济优化开发区域，应当采取不同的政绩考核方式，不再把 GDP 作为唯一的考评标准，要重点考量空气质量、“三废”处理率、污染物排放情况等指标，促使全社会共同建设生态宜居的美丽环境。

二、重点开发区域：内外共进型

循环经济重点开发区域一般为省域内产业发展集中区，这些区域的发展目标是提高集聚产业能力，加快推进城镇化，成为支撑未来全省域经济持续增长的重要增长极。众所周知，知识密集型和技术密集型产业属于低碳行业，如信息产业的能耗和物耗是十分有限的，对环境的影响也微乎其微，这类产业是重点开发区域的产业转型升级方向[149]。该区域产业集群发达，城镇化水平较高，品牌企业发展较好，未来发展方向为健全产业政策、优化产业结构、打造绿色品牌、提升生态水平，该区域以东部、东北地区为主。

循环经济重点开发区域的经济基础较强，具有较好的经济发展潜力和一定的科技创新能力，环境与资源承载力较强，初步建成城镇建设体系，中心城市的辐射带动能力较好，是未来新兴区域性城市群乃至大城市群，属于重要的人口、经济和创新密集区，对带动周边地区发展具有重要作用。该区域应当加快优化结构、提高效益、降低能耗、保护环境，以此为基础推进新型工业化进程、增强产业集群能力、加强对外交流合作，进而加快工业化城镇化建设、推动经济社会可持续发展。

三、限制开发区域：外源推动型

循环经济限制开发区域的资源环境承载能力较弱，难以承受集聚经济发展，属于生态安全脆弱区域和敏感区域。因此，该区域要坚持保护优先、适度开发、因地制宜的原则，重点发展资源环境可承载的特色产业，并加强生态修复、环境保护、产业优化，着力建设成为生态功能区。循环经济限制开发区域主要包括农产品主产区、重点生态功能区，一般以提供生态产品和农产品为主体功能，这些地区由于以传统农业为主，资源环境承载能力偏弱，经济发展水平处于中下水平，不具备大规模高强度开发的条件，工业化、城镇化水平较低。从微观角度来看，循环经济限制开发区域主要包括天然林保护区、草原退化区、自然灾害频发区、石漠化和荒漠化地区、水土流失严重地区，它们的共同特点是要以生态安全为其可持续发展的前提条件和基本保障。

我国要紧密结合各省区市主体功能区规划，统筹区域经济发展的空间布局。应该看到，循环经济限制开发区域产业发展空间有限，且以绿色食品、有机食品、生态农业、有机农业为主，使其生态环境建设、绿色品牌打造、低碳理念树立、有机意识强化显得尤为重要，这也是该区域未来发展方向，该区域以中部、西部地区为主。因此，循环经济限制开发区域要以改善生态环境为核心，植入低碳生态理念，并结合其主体功能，在农业经济结构调整过程中建立绿色食品、有机食品基地，大力发展生态农业、有机农业，最大限度减少化肥使用量、降低农药使用率。

四、禁止开发区域：外源强制型

根据《全国主体功能区规划》，国家禁止开发区域是指有代表性的自然生态系统、珍稀濒危野生动植物物种的天然集中分布地、有特殊价值的自然遗迹所在地和文化遗址等，需要在国土空间开发中禁止进行工业化城镇化开发的重点生态功能区。从循环经济发展的角度而言，禁止开发区域一般为辖区内依法设立的各级、各类自然文化资源保护区域，以及其他需要特殊保护的区域，包括国务院和有关部门正式批准的国家级自然保护区、世界文化自然遗产、国家级风景名胜区、国家森林公园和国家地质公园等。

循环经济禁止开发区域的资源环境承载能力较弱且难以修复，故“三高”落后企业需及时予以淘汰，未来重点发展生态旅游、绿色旅游、文化旅游等旅游观光产业，该区域以中部、西部地区为主。为此，循环经济禁止开发区域应当弱化甚至剔除经济增长、工业化、城镇化水平评价，重点突出生态建设和环境保护，尤其要强化对自然文化资源的原真性和完整性保护的考核。在禁止开发区域发展循环经济过程中，特别强调禁止进行工业化、城镇化开发，结合对环境保护、生态修复的人力、财力、物力等资源投入与优化配置，最终实现禁止开发区域应有的生态功能定位。

第三节　我国省域循环经济发展对策

根据我国省域循环经济发展层次和发展模式，针对性地采取优选发展模式、加强法治监管、完善激励机制、推进技术研发、深化交流合作等发展对策，多领域、全方位推进我国省域循环经济可持续发展。

一、优选发展模式

我国应当遵循“因地制宜、差异发展”的原则，立足不同区域、不同地区的实际与形势，按照优化开发、重点开发、限制开发、禁止开发等战略，选择、优化循环经济发展模式。

（一）优化开发区域

总体而言，循环经济优化开发区域要健全跨市、县、部门包括跨行业环境管理机制，厘清各职能部门在环境管理工作中的责任，增强区域内政府部门之间的协作。落实行之有效的环境管理规章制度，执行环境保护规划制度、环境影响评价制度、“三同时”制度、排污许可证和收费制度、污染事故报告和处理制度。除此之外，努力优化产业结构，继续淘汰和关闭污染环境、资源利用率低的落后企业，用清洁生产工艺去改造污染重、能耗高的传统产业；鼓励辖区内企业发展节能减排、降耗低碳的高新技术产业，并瞄准具有优势和发展潜力的产业，逐步实现链条式、循环化发展。例如，环渤海地区、长江三角洲地区、珠江三角洲地区，立足先进制造业基地、现代服务业基地、科技创新与技术研发基地、高新技术产业基地、战略性新兴产业基地等发展定位，出台科学性、系列化措施，推进以循环经济发展辐射带动区域经济一体化发展。

具体而言，优化开发区域要严格控制城市扩张、工业遍地、开发过度等情况，尽量减少工业建设空间，扩大居住、交通、服务业、公共设施、绿色生态空间。在原有基础上，优化城镇布局和体系，促进城市集约集中发展，进一步明确城市功能定位和产业分工，推动城市之间的功能互补和整体联系。控制特大城市人口规模，增强周边地区吸引力，引导人口均衡分布；强化高新技术研发与创新，加快发展高新技术产业（绿色有机农业和海洋产业等）、先进制造业（节能环保制造业等）、现代服务业（高端高效服务业等），增加产业的附加值和高科技含量。广泛应用绿色、低碳、节能技术，大幅度降低能源消耗、污染排放，全方位进行“三废”的无害化、资源化处理。提高基础设施的一体化、共享化程度，建立节能减排的联防联治机制，加大生态保护、治理、修复力度，不断改善宜居宜业环境。

（二）重点开发区域

循环经济发展要根据各自区域划分，确定主体功能定位，明确开发方向，控制开发强度，规范开发秩序，完善开发政策，逐步形成人口、经济、资源、环境相协调的空间开发格局。循环经济重点开发区域应当立足实际，充分发挥经济基础、资源环境承载能力较好及开发潜力较大等优势，加快基础设施建设，不断改善投资创业环境，进一步促进产业集群发展，更加壮大经济发展规模。同时，与循环经济优化开发区域相同，循环经济重点开发区域要实行严格的污染物排放总量控制，执行严格的环境监测与风险评估防范制度，较大幅度减少污染物排放量，确保环境污染最小化甚至零污染。

具体而言，循环经济重点开发区域可以提高自主创新能力，形成分工协作的现代创业体系；加快推进工业化、城镇化建设，改善人居、创业环境；发挥区位优势，扩大国际合作与对外开放。例如，长江中游地区、江淮地区、海峡西岸经济区，应当立足沿海优势加大对外开放力度，整合内外部资源加快促进循环经济发展。除此之外，行政区划内各级政府发布的产业政策对循环经济发展模式的创新具有重要影响。因此，在循环经济重点开发区域，政府可以有意识地引进一些既能填补当地产业空白，又遵循生态低碳理念，同时能够促进本地经济发展的产业项目。对于原先形成的产业产品结构进行优化，奠定节能低碳基础，并逐步推动城镇化进程。完善区域循环经济产品标识制度，打造辖区内绿色产品品牌，依托产品标识优化地区产业环境[150]。

（三）限制开发区域

循环经济限制开发区域因其资源环境脆弱性等特点，应当采取特殊的财政、投资、产业、土地、人口等区域政策。在财政政策方面，要加大公共服务和生态环境的经费投入，让当地人民享受更加健全、生态的公共服务体系，更加强化生态修复、环境保护等工作。在投资政策方面，在保证财政性投入稳增的基础上，鼓励社会资本对公共服务设施、生态环境保护进行融投资建设。在产业政策方面，严格限制产业扩张，着重发展特色产业、生态产业、绿色产业。在土地政策方面，与整体规划配套，严格管制土地用途，严禁生态用地改变用途。在人口政策方面，适度控制人口规模和密度，鼓励生态型、生态化移民。

与财政、投资、产业、土地、人口政策配套实施的工具，主要包括财政拨款、税收减免、设施建设、禁令施行等。财政拨款旨在使居民享有优良的公共服务，税收减免的重点是生态农业、旅游业、服务业等特色产业，设施建设以公共服务设施、生态环境保护区域为主，禁令施行强调对各类破坏生态环境、降低资源承载能力等开发活动的严格禁止和严厉打击。当然，因存在多头领导、利益博弈、地方主义等阻碍要素，要在实施循环经济限制开发区域政策的过程中，综合运用多种配套性政策措施，形成领导有力、统一规范、权责分明、分工协作、凝聚合力的循环经济发展格局。例如，大小兴安岭森林生态功能区、四川若尔盖高原湿地生态功能区、甘南黄河重要水源补给生态功能区等，应当坚持植树造林、涵养水源、保护野生动物，坚决禁止林木采伐、开垦开发，实行退耕还林还草、牧民定居和生态移民等保护性政策体系。

（四）禁止开发区域

新形势下，各省区市还可以根据自然资源、生态环境、地理位置、产业布局、经济水平，优选循环经济发展模式与战略。而对于循环经济禁止开发区域来说，应当不折不扣地坚决做好保护环境、建设生态等工作。以此为导向，循环经济禁止开发区域应倡导环境产业、旅游产业先行，坚决淘汰辖区内高排放、高耗能、高污染和低效率的落后企业，把环保责任落实到人员，畅通破坏环境违法案件举报渠道。在此基础上，将环境保护、旅游经济作为新的经济增长点，积极推进辖区内环保产业化进程，努力寻求生态旅游、绿色旅游等经济增长点。

例如，青海三江源国家级自然保护区的生态旅游型和甘肃民勤连古城国家级自然保护区的科教体验型，是循环经济禁止开发区域发展模式的两个主要类型。长江、黄河、澜沧江源头汇水区的青海三江源国家级自然保护区对于保护江河源头的生态系统、青藏高原原始地貌和“世界第三极”自然景观有着极其重要的意义。该区域凭借珍贵而丰富的旅游资源正在开展生态旅游试点，建立健全生态文明建设的体制机制，坚持“保护第一、发展并重”的思想，开创三江源地区循环经济发展的新路。甘肃民勤连古城国家级自然保护区具有荒漠地带典型性、生物多样性、稀有物种特殊性等生态特征，既是重要的科研教学基地，更是我国西部地区的天然绿色屏障。该区域以维护生态平衡为主要任务，在科学管理体制下构建以科研教学等现代服务业为依托的循环经济体系。

二、加强法治监管

强化发展省域循环经济的法治监管，主要包括法律法规体系、目标责任制度、绿色核算制度、政府监管体系。

（一）法律法规体系

循环经济作为一种有效平衡经济增长、社会发展和环境保护三者关系的新的经济发展模式，需要法律的确认和保障才能得到充分实现。只有健全循环经济法律制度建设，才能使企业承担责任、公众参与监督起到真正作用。目前，我国出台了《中华人民共和国节约能源法》《清洁生产促进法》《中华人民共和国可再生能源法》《循环经济促进法》，以及有关环境保护的法律法规，这些法律法规正在为我国循环经济的实施起到促进作用[151]。除此之外，我国还应当积极借鉴国内外循环经济立法的经验教训，以所制定的法律法规之间是否协调、是否能够相互促进为目标，在法律法规中重新规范市场主体行为，明文规定行为主体所负的法律责任和所拥有的权利。另外，除了正确区分强制性、激励性、引导性的法律法规外，应在《循环经济促进法》的基础上，结合具体实践，进一步研究和修改相关配套法规，出台相应的规章准则，并强化法律法规与规章准则之间的操作性和匹配性。

在全面推进依法治国的新形势下，我国要在认真贯彻落实已有相关法律法规的基础上，不断健全环境保护、污染防治、清洁生产、再生能源、节约能源、废物利用、回收处理等相关法律法规体系，进一步指导、规范循环经济发展。在借鉴国外先进经验的基础上，不断健全促进循环经济发展的管理办法、政策体系、市场准入标准与退出机制、技术实施条例，更加完善强制性污染排放标准、排污收费制度体系、环境信息公开发布制度、生态环境评估和巡察制度，加大对正面典型宣传奖励的力度，为循环经济发展提供机制、制度保障。

理论指导、部分实验转向全面示范推进是现阶段我国循环经济发展的现状，然而，国家立法机构未制定相应循环经济基本法律体系保证循环经济顺利发展。我国要坚持立法与预防先行的原则，借助国外循环经济政策发展的经验，明确消费者、企业、政府在循环经济发展过程中的义务与权利，制定循环经济政策法律，并将生态环境视为自然资源纳入国家公共管理范畴。同时，借鉴国外发展循环经济相关经验，出台低碳通行证、碳关税、环境监测指标等循环经济壁垒，严打破坏环境、污染环境等违法行为，加大退耕还林、退牧还草、林业保护、植树造林力度，并通过国际合作、技术攻关、成果转化、碳税交易等方式，提高我国的环境安全水平，提升我国循环经济的国际竞争优势。

（二）目标责任制度

社会经济和生态系统的良性循环是循环经济所重视的，提倡社会与自然和谐、可持续发展的经济模式，要求最大限度削减生产和消费过程中资源的投入，并对产生的废弃物资以再生循环利用的方式发展国家经济，降低对环境产生污染的废弃物排放量，达到低投资、高效率和低排放的循环经济发展目标[152]。这种坚持环境与发展并重的原则，是进行循环经济实践必须首要遵守的。因此，要运用系统工程的思想和方法，制定循环经济的发展思路、目标、步骤和措施，推进循环经济的全面、协调、可持续发展。

首先，要综合考虑气候条件、地理环境和经济发展水平等，科学制定我国省域循环经济发展的长期、中期、短期规划，并将低碳、生态等理念贯穿到各区域的经济发展计划、城市规划建设等各个层面。其次，各省区市要结合自身实际，制定、实施环境保护、资源管理等地方性法规和部门行政规章，建立政府责任制度，明晰政府治理环境污染、发展循环经济等目标责任，加强顶层设计，完善基础设施建设，使各级政府真正成为发展循环经济的公益者、策划者、推动者、仲裁者和监督者。再次，要推广广东、江苏相关经验，将民生改善、社会进步、生态效益纳入各级政府及其领导干部政绩考核体系，并以此为契机全面实施“环保政绩工程”，建立各级政府的“环境保护问责制”，对各行政区域循环经济发展的现状进行全面把握，考量行政区域内单位 GDP 资源和能源各自的消耗量、单位 GDP 污染物的排放量、城市社区废弃物再生利用率及污染物的处理率等，并将考量结果与各级政府及其领导班子绩效相挂钩，进而从源头减量、过程监控、末端治理等全过程明确职责、强化奖惩。最后，健全税收减免、政策优惠、提拔任用等奖惩制度，降低绿色技术开发成本，提供低廉的环保设备与技术，增进政府部门及其领导班子的责任意识和自律意识，明确地方政府的保护环境、发展循环经济等职能，形成齐抓共管、相互监督的良好格局。

（三）绿色核算制度

国民经济核算体系（system of national accounts，SNA）是目前在世界各国得到广泛应用的数据信息系统，是各国进行宏观经济管理的重要手段[153]。国民经济核算体系以特定国家经济整体为对象，概括了国民经济的方方面面，但往往忽略了可持续发展战略特别关注的生态环境问题，也未能在经济体系与环境体系之间建立起紧密联系。基于此，我国逐步建立起能够描述环境与经济之间量化关系的绿色经济核算体系，树立将环境作为不可或缺变量的可持续发展思维方式，把环境成本和效益纳入国民账户，考虑环境污染事件、环境质量提升、环境福利要素，评估环境保护与治理成本，构建涵盖环境调整和修复的宏观经济指标，尤其强调经过环境调整的绿色国内生产净值（environmentally adjusted domestic product，EDP）、国民收入（national income，NI）等指标。

建立循环经济绿色核算相关制度，促使经济活动受到资源能源限量与生态环境阈值限制，从而弥补“市场缺陷”和降低“制度成本”[154]。而绿色 GDP 将环境要素、环境成本纳入国民经济核算体系，对国家或地区综合发展水平进行了更为科学、全面的评价。以此为导向，我国要遵循生态学规律，改革当前省域内发展测评体系和经济核算体系，建立健全绿色 GDP 核算制度，统筹存量与流量、实物量与价值量、解析式与加总式、资源管理与环境保护之间的核算关系，使其涵盖经济社会、资源环境等方面内容。同时，系统化、前瞻性制定协调经济、社会、生态共同发展的指标体系或评价参数，对发展循环经济的省区市、区域、园区、企业进行奖励，逐步淘汰高污染、高能耗的行业企业，加快促进产业转型升级。此外，制定不同产业和行业、企业和生态工业园区等运作过程中的生态建设指标，定期对相关产品的环境质量达标率、废弃物循环利用率、企业循环经济技术发展情况进行考核，并以考核结果为标准，对违规运作行为予以制约，对理性发展模式予以奖励。

（四）政府监管体系

循环经济依靠社会化、技术化、经济化的经济发展模式，它的实施借助国家和政府的各项扶持政策，政府通过循环经济政策发挥国家宏观调控的经济职能，引导企业和人民群众对循环经济的正确认识，促进我国循环经济的发展。要加强政府监督管理，引导企业少用或不用有毒、有害、稀缺原料，提高清洁能源利用率，开展利用新能源，尤其是对生态敏感区、工业集中区、重点污染区等实施监控，并加强对环境监察人员、企业环保负责人的责任追查力度。要坚持“谁污染、谁负责，谁循环、谁受益”的原则，加强政策执行的监控、评估，加大检查力度并完善检查技术手段，不断完善“声誉”“信用”市场，确保中央政府、地方政府、企业紧密合作进行节能减排、治理污染、保护环境。除此之外，政府通过提供低息贷款、授予环保标志、优先采购低碳绿色设备等方式，对清洁进行正向激励；通过研发绿色节能技术、推进绿色采购、宣传绿色消费，提高企业的经济和社会效益。

因此，要建立健全引导性政策、约束性政策、激励性政策和规范性政策。一是引导性政策。政府要加强引导性政策的执行力度，设计环保发展宣传语，引导企业和公众树立科技创新和环境保护意识，促进大中小企业发展循环经济，提高我国经济的现代化、科学化和规范化水平。二是约束性政策。为降低企业生产和销售过程中的“三废”污染物排放量，可开征环境税，对高耗能污染型企业征收高额税收；实施限制性税收政策，通过对企业消耗能源的相关环节征税，提高对应的生产成本，进而引导企业清洁生产，树立节能环保主观能动性意识；改革现行经济税费政策，改革资源税，通过对开采自然资源的企业收高额税，提高资源采购成本，从而增强资源税对环境保护的作用；改革消费税，提高高耗能、破坏环境的产品的消费税，使群众减少对这类商品的需求[155]。三是激励性政策。政府明确自身定位，完善循环经济的市场化运行模式，寻求使用税收政策代替单纯的补贴政策[156]。我国政府可以通过建立改革财政补贴制度实行税收优惠政策，对从事绿色投资和清洁生产的企业减免产品税收，降低过程成本，增强绿色环保产品在同类产品中的竞争力，激励企业转型发展循环经济；扩大税收的优惠力度与范围，对企业循环利用再生资源生产出来及容易回收再利用或制造的垃圾易分解的商品，在所得税方面给予一定优惠，刺激企业发展循环经济的热情；政府积极鼓励国外资本家来华投资，引导国外资本和民间资本发展循环经济，创造良好的企业融资环境；我国对于推动循环经济健康发展的企业及地区政府应适当给予奖励，以激励企业发展循环经济。四是规范性政策。强化企业发展循环经济法律法规建设，完善制度约束，将循环经济从理论变为现实，通过法律保障循环经济型企业合理的利益；成立垃圾废物的分类管理制度，对难回收、低价值的废旧品实施押金回收，对于易回收分解的废弃产品进行免押金处理甚至颁发奖金奖励，增强清洁生产的循环经济型企业的市场竞争力；制定再生资源合理利用制度，提高企业废弃垃圾回收率，对不按制度使用无法循环利用的资源生产的企业给予惩罚，通过缴纳一定的罚金或者减少优惠，鼓励和引导企业发展循环经济[157]。

三、完善激励机制

健全激励相容的奖惩机制，是解决发展循环经济“市场失灵”“政府失灵”的有效途径。

（一）市场运行机制

第一，市场机制：合理界定资源产权。循环经济的发展始终依存于市场经济的土壤中，因而要充分培育循环经济发展的市场条件，使资源和环境的价值在市场中得到充分体现，促进市场主体自愿选择循环经济发展模式。首先，完善市场化产权制度，根据不同市场主体使用、经营自然资源的公共性和外部性大小，采用拍卖或分配方式将主权赋予不同的主体。其次，对于外部性较强、产权边界模糊的自然资源，设立统一的公共产权主体，并行使所有者的管理权。最后，建立使用者付费制度，依据自然资源的公共属性，有区别地确定其使用权和经营权，且根据自然资源的不同用途，划分不同的获取途径，制定阶梯式的税费标准。更有甚者，鼓励金融机构、民间资本投入到再生资源领域，促进投资主体与融资渠道的多元化。除此之外，链合创新是循环经济产业集群在生态链上，提高创新响应程度、降低创新风险、实现创新效率的主要形式[158]。积极探索供应链金融的拓展应用，形成“互联网+再生资源+供应链金融”的创新发展模式，依托供应链核心企业，发挥全产业链合力“造血”功能，解决循环经济中小企业融资难和供应链失衡问题，促进网络演化升级。

第二，诱导机制：充分利用价格杠杆。一个较完善、较合理的资源价格体系至少包括三个方面：资源开采过程中的合理补偿标准（体现为合理的资源税、能源税、环境税和土地税等）；资源开采、运输、使用过程中的各项成本（直接投入成本）；资源消耗过程中对环境污染治理的间接成本（环境成本）[159]。因此，健全市场机制的核心是重新配置自然资源，并将生态环境视为基本生产要素，使用价格杠杆重构价格形成机制，适当提高水、电、气等资源价格，不仅计算其生产成本，还要考虑废水、废气、废渣的后续处理成本和达标排放成本。除此之外，还要以市场力量推行强制性环保标准，形成环境资源市场交易体系，关停、淘汰浪费资源、污染环境的落后设备与企业，推行清洁生产、节能减排型设备与企业，结合环境资源价格调节、阶梯式上调、差别价格等措施，更好地发挥市场在资源配置方面的基础性作用。

第三，保障机制：全面进行市场监管。基于物质流分析的政策措施和管理方式是发展循环经济的核心调控手段，因而只有掌控市场物质流走向，才能提高市场监管力度。首先，定期分析原料消耗、节约资源、再生利用、废弃物排放、环境污染等基本状况，完善循环经济市场运作的信息服务体系。其次，健全市场价格、供求、竞争及风险监督等相关机制，综合运用各种合理的手段及时有效维护循环经济市场竞争机制的有序运作，使循环型、生态型产品能够与其他产品处于平等竞争地位，并使污染大、能耗高的产品自动退出市场。再次，从源头上进行控制，彻底改变以非正规回收商贩为主体的废弃物回收模式；加大城市废弃物资源化利用领域的环境执法力度，严格管制无证经营的回收拆解行为；从管制为主向激励为主转变，通过向消费者进行补贴，使消费者主动将各类报废产品交给正规回收商进行处理，挤压非正规渠道的生存空间；加速推进“互联网+分类回收”，实现对非正规回收渠道的整合与收编，逐步建立废旧产品回收市场的新秩序。最后，拓展传统市场监管视域，增强政府、市场与公众三者之间的互动。通过构建透明的生态信息服务体系，增强公众与市场的信息交流，提高产品信息对称程度，形成有利于循环经济发展的政府调控推动、市场主体运作、公众自觉参与的市场监管机制。

（二）奖励惩罚机制

发达国家纷纷实施各种激励政策对循环经济进行引导，建立以提高企业经济效益为前提，构建完善社会效益的激励机制，高度刺激企业的积极性和主动性，同时建立指标体系，严格绩效评估应根据不同产业、行业的特点建立不同的指标体系，根据指标体系对发展绩效进行评估并约束企业循环经济发展。因此，我国政府要坚持激励与约束共存的原则，健全财税政策、金融政策、投资政策、消费政策和产业政策，通过提供资金补贴、损失补偿等方式，达到循环经济的转移支付目标。从实施排污计量收费、排污权交易、征收污染税和生态补偿税、政府优先采购绿色产品等方式，对发展循环经济的企业给予奖励，对采取传统发展模式的企业给予惩罚，甚至使不发展循环经济的企业利润少之又少、近乎为零。当然，必须要保障政府奖励收益大于企业采取传统经济模式获得的收益，惩罚力度也要够大才能激发企业发展循环经济的活力，否则企业会为追求经济利益而放弃发展循环经济。

要进一步健全金融支持体系，鼓励、支撑我国省域循环经济发展。按照一定的基金使用标准与筹资方案，建立我国循环经济专项供应基金，用途包括：对循环经济发展的先进型、后进型和追赶型区域，以及国家级、省级、市级的重大循环经济发展项目分别给予资助；对重大循环经济技术研发项目进行专项支持；对循环经济产业化示范项目和清洁生产技术推广中急需解决的“瓶颈”问题，给予足额补助和贷款贴息、延长支付等支持。此外，实现以税代奖、以税代补的模式，有助于政府明确自身定位，更好地主导我国循环经济的发展[160]。因此，要对循环经济项目的投资给予税收优惠，运用灵活的、倾斜性的税收政策，吸引市场资本进入循环经济运作领域。可以通过高征税、免税、退税、减税，以及特殊的生态补偿税、大气污染税、污染源税、垃圾填埋税等方式进行；也可以借鉴发达国家的绿税制经验，从征收燃油税、电力消费税、航空旅行税、垃圾处理税、污水税等方面着手。

近年来，政府投入大量资金发展循环经济、保护生态环境，但地方政府财力有限、配套不足，无法满足社会、区域、园区、企业发展循环经济的需要。在发展循环经济的过程中，我国应当建立循环经济发展专项基金，每年从财政支出中安排一定比例的资金，或通过社会捐赠、税费改革、专项拨款等方式筹措资金，用于建设配套公共设施、技术研发，并以物价补贴、贷款贴息、亏损补助等方式，鼓励和支持区域、园区、行业、企业大力推行循环经济发展模式。除此之外，无论是“以旧换新”还是“废弃电器电子产品处理基金”，其实质都是财政补贴政策，这种方法治标不治本。为促进废弃物回收行业健康发展，关键在于严格落实生产者责任延伸制度，鼓励有条件的生产商通过处理基金付费以外的方式承担生产者责任，对于自行回收、委托第三方回收及与专业处理企业联合处理的生产商，给予减免处理基金收费和税收优惠，使生产者成为回收的责任主体；加大回收基础设施建设投入，提高消费者销售报废产品的便捷性和经济性。

（三）绿色采购机制

推行绿色采购、绿色消费等生活方式和消费方式，是从根本上调动社会公众参与循环经济建设和“两型社会”建设的重要举措，有助于循环经济、低碳经济、绿色经济在社会层面上的深入发展。美国、日本、韩国、丹麦等国家实施了政府绿色采购法规，我国应当借鉴实施绿色采购机制，建立绿色采购部门、平台及其网络，逐步扩大绿色采购范畴。我国要将政府部门对办公产品的选购锁定在节能环保产品、资源循环利用产品上，提高公务人员的节约循环意识，以起到带头示范作用；建立广泛且有效传递绿色采购信息的网络，制定政府绿色采购产品的建议清单，同时通过各种渠道进行绿色宣传，并对采购制度进行跟踪、反馈和绩效评价；制定“绿色采购法”，对现行政府采购制度补充相应的“绿色”内容，不断完善我国环境标志制度。

除此之外，在加大税收政策和财政投入支持力度的基础上，建立健全政府采购、绿色消费、绿色标志、绿色审计、生态补偿等政策，提高政府采购中再生产品和再制造产品的比重，指导各级政府的绿色采购工作，引导企业生产、公众使用非一次性、简化包装、节能环保产品。针对整体利润偏低的再生资源行业，政府应加大税收优惠力度，各地应以《资源综合利用产品和劳务增值税优惠目录》为基础，出台更为具体的地方扶持政策。政府应设立专项资金支持再生资源企业进行技术改造和技术创新，依靠技术进步提高资源化效率。例如，从经济社会发展效益出发，加大节能产品的补贴、推广力度，通过政策引导、财税支持等手段，提升天然气、液化气等普及率和使用率，压减如煤炭、石油等不可再生且碳排放量大的资源能源使用率。

（四）监督管理机制

要健全循环经济的财税政策、金融政策、投资政策、消费政策、产业政策，进行财政补贴和降低税收，提供信贷资金，加大对循环经济项目的投资力度，引导公众进行绿色消费，优化循环型企业产业布局。同时，综合运用法律、行政和经济手段，加强协调、监督和管理，并加大环保部门的检查力度，坚决杜绝环保部门与企业之间的寻租行为。在政府引导、管理、监督的基础上，建立循环经济公共服务平台，充分发挥媒体、消费者、非政府组织（non-governmental organizations，NGO）的监督作用，尤其是在“互联网+”的时代背景下，更应当运用互联网思维强化循环经济监督管理，并加强循环经济的宣传教育、信息发布、文化建设。

当然，循环经济政策能否得到有效执行，离不开政府、企业、公众的参与，因此要建立政府、企业、公众共同参与的循环经济发展监督管理机制。政府是政策发行的主体，其责任是在政策实施过程中检验和改善政策。企业是政策实施链中最主要的对象，扮演着执行和测试循环经济政策是否发挥作用的重要角色。公众作为政策承接中的客体存在，扮演监督政策依法执行的角色。通过宣传教育普及和舆论监督、发展低碳文化主流意识、开展公交出行活动、加大公务接待监管力度、扩大绿色低碳采购范围等方式，进一步培育循环、绿色、低碳消费文化。

四、推进技术研发

（一）健全研发体系

建立循环经济方面的科技创新和技术研发体系，是推进区域自主创新和建设创新型国家的重要组成部分。循环经济、低碳经济领域的技术将成为推动全球发展的新动力，应高度重视科技进步在摆脱能源危机过程中的决定性作用[161]。为此，我国应当在发展循环经济、低碳经济的过程中，建立涵盖减量化、再利用、再循环等技术的研发与创新体系，加大技术研发配套资金投入和政策支持力度，推进循环经济的产业化、集群化、生态化、技术化发展。同时，建立由高等院校、科研院所、行业企业共同参与的科技创新体系，研究开发清洁生产、污染治理、资源利用等技术，立足区域特色及其发展优势，培育一批循环经济示范区域、示范园区和示范企业，并创造各种条件培养、引进科技创新人才和高层次管理人才，由此辐射推进循环经济在社会、区域等层面的发展。

除此之外，应当大力扶持和促进循环经济试行项目与行政区划内的高等院校及德国、英国、日本等循环经济较为发达的地区合作成立研发中心，充分运用省域范围内丰富的各项资源，培养技术型人才并引入高端减排治污技术，由此形成属于辖区内的技术知识产权。要应用国内外循环经济的研究成果及循环经济这一广泛社会性的前沿经济理念对省域循环经济建设进行指导，对示范区、重点技术改造、省内技术改造项目予以优先扶持，对改进能效技术、无碳能源技术、减排减污技术、新能源开发技术等循环经济项目进行有效激励。

（二）鼓励技术创新

循环经济的创新技术体系支撑着循环经济产业链的稳定发展，是循环经济企业具备竞争力优势的关键。循环经济产业链就是要通过科学技术，把废弃物变成“链”的一部分，“变废为宝”。一个国家或地区循环经济产业链的长短及产业间的现实关联度，与其科学技术水平密切相关。构建循环经济产业链必须把科技创新作为关键来抓，改造传统产业，形成新的循环型产业链条，提高产业间的前向及后向、纵向及横向的关联度，实现由线性创新模式、效益型创新战略向环形创新模式、生态型创新战略的转换。因此，要充分调动政府、社会、企业资源，重点攻关发展循环经济产业链的关键技术和共用技术，积极引进国外先进技术，建立起循环经济产业链的技术支撑体系。

我国要借鉴、推广国外提升循环经济技术的经验，以示范项目建设、关键技术攻关为抓手，加大技术创新与研发的投入与激励，更好地为循环经济发展保驾护航。循环经济的绿色技术支撑体系主要包括三大平台、三大环节、三大产品等要素，即研发、共享、转化等三大平台，节能、利用、再生等三大环节，新材料、新能源、新设备等三大产品。只有通过三大平台、三大环节、三大产品的相互作用，主动淘汰落后技术、工艺、设备及其产品，才能系统完整地建立绿色技术支撑体系，从技术层面上服务于循环经济的发展。

（三）攻关核心技术

我国要着力攻关替代减量技术、资源利用技术、检查监测技术等循环经济核心技术，为循环经济发展提供技术支撑和重要保障。

一是替代减量技术。通过开发新能源、新材料、新产品、新工艺，替代原有“三高一低”能源、材料、产品和工艺，从源头上节能减排，这也充分体现在发达国家对风能、太阳能、地热能、生物能、新型功能材料、纳米技术等清洁能源技术的开发使用方面。具体而言，主要从电力、汽车、交通、冶金、化工、石化、建筑等领域入手，加快研发低碳技术、去碳技术、无碳技术、无害化处理技术、循环使用技术、综合利用技术、回收处理技术、能源替代技术、清洁生产技术，开发使用风能、太阳能、光能、氢能、潮汐能、地热能、生物质能等清洁能源，在此基础上鼓励支持公共汽车、出租车使用新能源或清洁能源。

二是资源利用技术。可以推广浙江、广东、山东的资源能源节约、高效利用、循环使用经验，通过提高产品部件技术、梯级使用技术、产业共生技术，延长原材料使用周期，进行原产品或原材料的再生利用、循环利用、梯次使用，充分利用废钢铁、废轮胎、电子废弃物、废纸、电池产品、生活垃圾等可再生废弃物，改变“高能耗、低效益”的现状，达到“变废为宝、节能降耗”的目标。除此之外，推广地方及国外的废弃物回收利用、再生处理经验，通过提升对“三废”等废弃物的无害化处理与末端治理技术，以及发展环境修复型、环境友好型、清洁能源型技术，从而减少污染，保护环境。

三是检查监测技术。通过提升政府部门的监测污染物、检查排放物等技术，减少企业以发展循环经济为幌子“坑蒙拐骗”套取资金、政策支持等现象发生，为循环经济发展营造良好的竞争环境。以供给侧结构性改革为突破口，解决废弃物供需不匹配难题，降低产品的报废程度，提升报废产品的可再生性和再制造性。政府应当尽快出台针对家用电器、电子产品、工程机械等各类产品的强制报废制度，确保产品安全使用，有效防止废弃资源再生价值丧失；通过加强消费者的宣传和引导，促使消费者规范化使用家电、汽车等各类商品，形成按时自觉报废、更新的消费习惯。

（四）培养研发人才

人才资源在发展循环经济中起着主导性作用，是生产过程中最积极、最活跃的要素。人才资源既是实现物质资源高效利用的“催化剂”，又是经济发展、社会进步和环境保护的“统一者”，更是发展循环经济的“主力军”。由此，应该大力培养循环经济研发人才，提高劳动者的素质和技能，适当奖励对循环经济技术发展做出突出贡献的人才，依靠专业人才组合生产要素、创新组织制度、挖掘资本潜力。同时，通过与高校联合设立循环经济研发专业，建立循环经济研发机构，鼓励合作创新，提高技术创新效率。国家及地方政府应该大力帮助企业研发技术，促进循环经济产业链上的企业之间加强合作、共同研发、取长补短，从而降低研发的成本及时间，提高研发技术的实用性。除此之外，制定相关优惠政策吸引海内外技术人才和先进管理型人才到辖区工作，对该领域有突出贡献的单位与个人进行奖励，为技术型人才开启大门和绿色通道，营造良好的工作生活环境。

在培养循环经济型科技创新、研发人才的同时，也要加强引育循环经济型领导决策、经营管理、宣传教育、法律事务等类别人才，合力促进循环经济的发展。循环经济型领导决策人才方面，要着力使其知晓循环经济理论，熟悉区域循环经济发展实际，对循环经济发展做出科学可行的规划、合理有效的决策。循环经济型经营管理人才方面，要着重培养其统筹把握经济效益、社会效益和生态效益的能力，使其能够熟练运用循环经济理论思考、分析和解决实际问题。循环经济型宣传教育人才方面，要重点发挥其通过组织活动、举办讲座等方式宣传循环经济理念的教育功能，引导、带动全体公众共同参与循环经济的建设和发展。循环经济型法律事务人才方面，要让其运用循环经济理论与法律法规知识，为循环经济发展提供立法、执法、咨询、服务等支持和帮助。

五、深化交流合作

要达到我国省域循环经济发展过程中利益相关者的“纳什均衡”，离不开博弈各方的交流合作。

（一）政府紧密配合

中央政府对地方政府发展循环经济的指导要因地制宜、有针对性，根据地方政府能力和实际情况量力而行，尽可能兼顾经济效益与社会效益、生态效益，双方要树立新的系统观、经济观、价值观、生产观，努力走出一条工业、农业、服务业“三产联动”和企业、园区、社会“三层并进”的循环经济发展道路。

在此过程中，政府之间要通过紧密配合进行产业的优化升级。首先，淘汰落后产业。从科学发展观、可持续发展理念的角度出发，对污染严重、能耗巨大、效率低下，且无法转型升级的落后产业、工艺、设备、产品，要及时予以淘汰或更换，由此促进资本、资源、能源向优势、支柱、新兴产业集聚，尤其是要淘汰、改造产能低下、污染重大的工业产业，逐步摒除一味追求经济效益、忽视社会效益和生态效益的发展模式。其次，升级传统产业。在我国由传统农业社会向现代工业社会转变的过程中，产业结构相应要由低级向高级发展或进行转型升级。我国应当在淘汰落后产业、发展低碳和绿色产业的同时，推进传统产业向科技型产业、知识密集型产业集合，大力发展少污染、低能耗、高效益的第三产业，积极发展新型循环经济、绿色经济产业，进一步优化产业结构。最后，发展低碳产业。调整产业结构，就是发展具有低碳特征的产业，限制高碳产业的市场准入。众所周知，知识密集型和技术密集型产业属于低碳行业，如信息产业的能耗和物耗十分有限，对环境的影响也微乎其微。为此，我国要建立以绿色消费、低碳消费、节约能源为中心的生态服务业体系，发展污水处理、可再生资源回收、垃圾分类收集等环保产业，发展以自行车、公共交通为主的低能耗、低污染交通方式，发展积极健康的文化创意产业、低碳旅游业，提高公众的生态环保、低碳节能意识。

（二）区域密切合作

协调统一的循环经济技术指挥机构是科技研发和推广的保障，相应的科技资金投入与科技人员的有效配置是科技研发和推广的基础，推动政府机关、科研院所、高等院校和相关企业、民间研究机构共同参与相关技术的研究开发，这是促进循环经济协调发展的有利条件。政校行企应当紧密合作共建关键共性技术创新平台，各区域根据产业发展实际组建产业集群创新联盟，围绕核心技术进行联合投资、研发和使用，重点发展替代减量、资源利用、无害处理、检查监测技术，并建立废弃物回收中介组织与交易平台。建立由高等院校、科研院所、行业企业共同参与的科技创新体系，研究开发清洁生产、污染治理、资源利用等技术，立足区域特色及其发展优势，培育一批循环经济示范区域、示范园区与示范企业，并创造各种条件培养、引进科技创新人才和高层次管理人才，由此辐射推进循环经济在社会、区域等层面的发展。

同时，出台相关配套技术达标政策，对于如何进行科技项目管理、如何遵循资源回收率标准、如何做好科技成果管理和推广工作，都应有一个明晰的概念和具体的方案。除此之外，在全球经济持续低迷、再生产品价格低位徘徊的经济环境下，绩效提升的根本出路在于降低企业经营成本。供应、回收、资源化和市场化等各个环节的经济主体间应树立合作共生理念，重视不同主体在脆弱性治理中的角色定位和功能发挥，有效整合优势资源，保证城市废弃物再循环各个环节的有序衔接与协同发展，在合作过程中实施全价值链成本控制，形成上、中、下游协同降本增效的长效机制。

（三）政企网格管理

政府在循环经济发展实践中主要起到规划、引领作用，公众和企业对省域循环经济发展具有不可或缺的作用。单纯依靠政府强制指令发展循环经济，或者单纯依靠市场机制发展循环经济都是不切实际的想法，循环经济的实践需要政府与企业、政府与公众的共同努力，通过调动企业与公众的积极性，形成一股强大的变革力量，这样才能从根本上影响公众的消费习惯和生活模式，并引导企业的经济增长行为。政府要进行网格化管理，推行领导负责制和目标考核制，并结合宣传引导、财政投入、政策扶持等方式，加大循环经济发展力度；企业要强化社会责任感，公众要坚持绿色消费，通力合作摆脱发展循环经济的“囚徒困境”；按照排名、规模和性质对企业进行归类建立企业小组，既对大中小微企业进行分类管理，又要形成责任共担机制，严防“搭便车”现象发生。除此之外，绿色联盟、科技创新协会、低碳生态倡导社、环保协会等自发成立的第三方组织，能够起到润滑剂的作用，在政府、企业与公众之间起着良好的互动作用，它不带有任何政治色彩，能够通过监督、呼吁等手段，有力营造低碳生态的和谐氛围。

具体而言，可以通过推进责任共担、加大技术投入、建立评估体系等方式，使企业有效参与到循环经济建设之中。一是推进责任共担。通过企业发展循环经济排名等方式，以及在工业园区、产业集群推行统一标准或制度，形成互相激励、责任共担的格局；加强企业间的利益共享、风险共担，建立互相牵制、互促发展的产业集群和产学研联盟；建立废弃物信息交流、共享平台，减少企业间的谈判成本和处理支出。二是加大技术投入。加快发展无害化技术或环境友好型技术，加快新技术、新工艺和新设备的推广应用，推进“三废”的无害化、减量化和再循环处理；鼓励支持企业不断完善技术研发、创新体系，加大知识产权和技术专利的保护力度，提升循环经济型企业的技术含量和贡献度；企业在对外贸易过程中，打破新兴贸易保护主义者的“贸易壁垒”，深化实施“走出去、可持续”战略，并将这种理念贯穿于全生命周期。三是建立评估体系。为了进一步提高监督效率、降低监督成本，政府部门可以建立企业排污、环境指数等监测系统，并将清洁生产、节能降耗作为新建、改建、扩建项目的重要依据；全面实施环境标志制度、环境税收制度、绿色消费制度、信贷鼓励制度、排污权交易制度，为节能降耗企业及其技术提供资金补助、税收减免等优惠，加强绿色认证和管理，严格环境标志、绿色采购等制度，引导消费者购买绿色、节能产品。

（四）信息共享对称

政府、企业与公众要畅通信息交流共享，政府要做到政务信息公开，发展环境信息服务业，逐步完善环境信息市场化运作机制，促进环保信息组织发展，建立循环经济信息交流、质量反馈平台，全方位确保循环经济信息的共建共享、公开透明、完备对称，改善公众参与边缘化、形式化的现状及其倾向。

发展循环经济关乎每个人的切身利益，是一份关系到无数地球人的事业，需要社会公众的积极参与。首先，提高环保意识。加强循环经济、低碳节能的宣传和教育，提高公众的环境维权意识、环境保护意识和循环经济共识，增强公众的环境保护、资源保护、能源保护观念，切实将环保、低碳、节能、减排等循环经济理念植入公民心中，并用生态理念驱动公众树立科学合理的生活价值观；进一步完善公众参与循环经济的决策、民事、行政诉讼和赔偿制度，推进环境教育贯穿于学校教育的各个阶段、各个环节，潜移默化、实实在在地影响学生的日常行为。其次，推进绿色消费。通过系统化教育方式，培育公众的消费意识、消费观念、消费伦理、消费道德，由此养成节俭消费、健康消费、绿色消费、循环消费的行为模式；各级政府制定限塑令、减排令、电摩标准、限时限段通行等政策，公众从水电、贺年卡、一次性筷子、塑料袋等方面着手，在日常生活中注重低碳环保、节约资源，共同为经济社会可持续发展贡献力量。最后，畅通参与渠道。我国《环境保护法》等法律法规明确了居民享有环境危害索赔权、环境保护监督权，但是以法律武器维护环境权益的案例少之又少；为此，政府应当建立信息公开、举报平台，增强法律法规、政策措施的操作性与可行性，发挥环境社团等社会组织及社会公众的重要作用，结合激励奖惩、业绩考核等方式，让公众直接参与决策、管理、监督过程，增强公众的主人翁意识，由此在全民公众中掀起一场以“环保、绿色、生态”为主题的公民责任心塑造运动。

第七章　国外区域循环经济生态效益综合评价及发展对策的经验启示

国外区域循环经济发展起步较早、水平较高，在理论研究与实践经验等方面较为成熟且独树一帜，其生态效益评价、区域发展模式、系统发展对策等，对我国省域循环经济改革发展的本土化探索具有重要意义。

第一节　国外区域循环经济生态效益综合评价

评价区域循环经济生态效益，必然需要一系列有效可行的指标体系来支撑，这不仅能够直观展现某个区域的经济发展情况和未来发展趋势，而且能够在践行过程中将公民的经济行为规范化，并以有效的数据来评价约束后的成果。近年来，国外学者和国际组织在理论上取得了一些突破，根据社会、环境、经济和资源等实际建立了诸多较有特色的指标体系。

一、理论基础

在国外，最早对区域循环经济进行研究的是日本和德国，进而加拿大、美国、韩国也不断完善循环经济评价体系，借此分析、反馈、优化本区域循环经济属性及其可持续发展能力。一个完整的生态经济系统应当包括经济系统和自然生态系统，占据关键地位的是两个系统中的物质流与能量流。人类社会进程中资源的稀缺性和环境的破坏度越来越受关注，自然生态系统的平衡直接影响着经济系统的运作，因此，研究链接经济系统与自然生态系统的因素即物质流和能量流备受关注且尤为重要。经济系统的物质流分析研究过程中的两个风向标，一是明确经济系统中物质流的规模和流动过程，二是对进出经济系统的物质流进行调控和管理[162]。

20 世纪 60 年代以前，学术界有名的博尔丁宇宙飞船经济理论，从生态经济学的角度描述人类生存的物质流和能量流，我国大部分学者认为博尔丁是最早倡导循环经济理论之人。这个阶段，学者建构了纯生态或纯经济学模型，偏颇于关注生态效益或经济利益，孤立和割裂经济、资源、环境、社会之间的内在关系。20 世纪 60 年代之后，经济系统中物质能量流动的生态特性与经济特性进入国外学者的思考范围，指标体系依据的模型外延扩展到废弃物的处理和排放，开始重视环境资源的物质流、能量流等公共物品特性，代表性人物包括 Ayres、Kneese、Pearce、Turner、Fischer、Kowalski 等。至此，当初博尔丁提出的循环经济理论被具体化，关注的重点延伸至物质、能量流动与资源环境之间的互动关系。

二、实践运作

20 世纪 90 年代以来，循环经济理念越发得到认可，不仅在理论上加速推进，而且在实践中得以运用，西方发达国家通过顶层设计到理论研究再到实践探索的方式，构建起了区域循环经济发展的生态效益评价方法，并运用在具体实践中。例如，欧盟制定国家物质流核算指标体系，日本出台的《循环型社会形成推进基本法》中提出循环型社会的最终构想，瑞士和新西兰加大投入力度并取得丰硕成果。在这些发达国家由理论转变为实践的进程中，无不开始重视物质流与资源环境之间的内在关系。

（一）欧盟建立国家物质流核算指标体系

20 世纪 90 年代初期，奥地利、德国等国家在分析本国经济系统中自然资源和物质流动情况时，采用了物质流分析方法，从此物质流分析方法被世界各国广泛应用。21 世纪初期，物质流分析方法被欧盟应用于区域经济系统，用于统计分析欧盟的物质流输入情况。经过阶段性探索，国外发达国家在评价指标方面进行了改良，朝着规范化方向发展。欧盟统计局制定《经济系统物质流核算和派生指标方法指导》，为成员国编制物质流核算提供框架。

1. 投入指标

①直接物资投入（direct material input，DMI）（DMI=国内开采的原材料+进口物资），DMI 衡量了从自然界开采的直接投入生产和消费等经济系统的所有物质。②物资总投入（total material input，TMI）（TMI=DMI+国内隐性物资投入），包括 DMI 及生产消费之外的物资。③物资总需求（total material requirement，TMR）（TMR=TMI+进口物资在进口国伴生的隐性物资），表示支撑全社会总的物质基础。

2. 消费指标

①国内物资消费（domestic material consumption，DMC）（DMC=DMI−出口物资），度量全社会经济活动直接使用的物资总量。②物资总消费（total material consumption，TMC）[TMC=TMR−（出口物资+出口物资在该国伴生的隐性物资）]，度量全社会生产和消费的物资。③外贸实物量平衡（physical trade balance，PTB）（PTB=进口物资−出口物资），度量外贸实物量的盈余或赤字。

3. 输出指标

①国内过程输出（domestic processed output，DPO），表示全社会生产和消费的物资，包括增加存量与排放消耗的物资。②国内总输出（total domestic output，TDO），表示在经济系统中生产和消费全过程排放的废弃物总量。③直接物资总输出（direct material output，DMO），表示在经济社会活动之外且排放到环境之中的物资总量。④物资总输出（total material output，TMO），表示经济社会活动之中排放到环境的物资总和。

（二）环境资源价值评估被普遍运用

环境资源价值指的是将人们利用与环境资源相关的产品和服务用货币的形式表现出来，而环境资源价值评估使得环境影响能够纳入“成本−效应”分析框架中。1973 年的世界石油危机引起人们对环境资源问题的高度重视，人们逐渐意识到自然资源是有限的，生态环境是人类可持续发展的基础。于是，西方国家部分学者提出自然资源和生态环境是一种财富，具有价值，应纳入国民经济核算体系中。环境资源价值评估主要从经济、社会、生态的角度，对环境资源的服务功能、使用价值进行量化评价，以此为国家制定政策、完善制度、出台举措提供依据。

除此之外，环境资源价值也称为总经济价值，主要包括使用价值、非使用价值和选择价值。其中，使用价值是指环境资源被使用时，通过满足人们的需要或偏好而体现出来的价值，可分为直接使用价值和间接使用价值；非使用价值反映人们非常愿意为改善或保护那些永不使用的资源付费，突出体现在付费制度方面；选择价值被称为期权价值，反映人们对未来能够使用的环境资源赋予的价值。

从信息对称性角度而言，环境资源价值评估方法主要包括市场价值法、替代市场价值法、假想市场法。其中，市场价值法从直接关系的市场信息中，获取人们的支付、补偿等意愿，分为生产率变动法、疾病成本法和人力资本法、机会成本法。市场价值法认为，资源环境质量与生产率、生产成本息息相关，因此可以基于市场商品数量、货币价格变化对资源环境价值进行评估测算。替代市场价值法主要从环境质量相关市场信息中获取人们的支付、补偿意愿，通过考察人们在与环境联系紧密的市场中的相关行为，间接引导人们对环境的重视和爱护。替代市场价值法又包括重置成本法、重新选址法、防护支出法、旅行费用法、享乐价格法、地理信息系统（geographic information system，GIS）估值法等。假想市场法通过人为构造一个假想市场来衡量生态系统服务和环境资源价值，代表性的方法有意愿调查评估法、现场试验法、选择实验法等。

总而言之，发达国家在实践过程中无不为了避免由大量生产、消费和废弃的经济消费模式带来的环境破坏、生态链断裂等问题，探索如何建立生产与消费的环状或链条式循环模式，以期实现资源利用最大化。国外发展循环经济过程中，围绕环境保护立法、责任追究制度、总量削减计划、经济支持政策、开发处理技术、发挥公众作用等方面进行了指标体系的重构与优化[163，164]。日本、美国、韩国、德国、欧盟已经形成市场化运作、生产者责任制、发挥中介优势、鼓励公众参与等发展措施，并将逐步完善循环名录制度、市场准入制度、政府投资制度、技术指导制度[165]。同时，物质流与资源和环境问题存在内在关系的观点逐步获得重视，物质流、环境审计、闭环发展、生命周期、废物最小化等分析工具和管理理念逐渐在欧洲大部分国家付诸实践，生态效益也逐步突显。

第二节　国外区域循环经济发展模式及其对策

发达国家中的美国、德国、日本等循环经济实践，在 20 世纪 80 年代末 90

年代初开始迅速发展。不同国家区域循环经济的发展模式、发展对策不尽相同，但基本上都围绕该国生态链和经济链的实际情况进行。

一、优选发展模式

世界各国在循环经济发展模式方面有各自的特色，目前大体上有三种优选发展模式，即杜邦模式、卡伦堡模式、双元回收系统模式。

（一）微观层面——杜邦模式

杜邦模式是循环经济微观层面的典型代表。成立于 1802 年的美国化学制造业龙头企业杜邦公司，主要通过厂内工艺之间物料循环利用，减少资源能源消耗和废弃物排放，并结合可再生资源的使用，进一步延长生产链条，实现节能降耗、循环发展的目标。由此可见，杜邦模式存在于企业内部，力求提升企业的资源能源利用效率，减少污染排放，属于企业微观层面的循环经济发展模式。

（二）中观层面——卡伦堡模式

国际上最成功的生态工业园区是丹麦的卡伦堡，又称卡伦堡模式。丹麦卡伦堡生态工业园发展到今天，已成为国际上生态工业园发展的典型，其从生态学的角度构建循环经济工业园的模式也被诸多地区所借鉴。其施行的发展对策基本上围绕产业间的代谢和共生耦合进行，依托工业生态学原理，将园区内各个企业之间的物质、信息和能量集合在一起，推动企业之间废弃物转化为资源能源，在这一共生园区内的企业通过彼此利用废弃物而获益。当下，卡伦堡生态工业园内的各企业之间通过利用彼此的余热，净化后的废水、废气及硫、硫化钙等副产品作为原材料，形成了一个涵盖发电、炼油、供热、种植、养殖、园艺的复合生态系统。这一园区共生模式的施行发展，既降低了企业废弃物的排放量及垃圾处理的成本费用，更促进了经济效益的提高，产业间的代谢循环极其顺畅，环境保护与经济效益协调发展。

（三）宏观层面——双元回收系统模式

德国的宏观社会层面循环经济发展模式最具代表性，形成了独具特色、成效显著的双元回收系统。这种回收系统又称为绿点公司，由 2 万多家生产、包装、回收厂家或部门组成，专门对包装废弃物进行回收利用、无害化处理，属于非营利性社会组织。在此过程中，需要回收的包装物由相应企业缴纳废弃包装处理费，双元回收系统组织在商品包装物上打上绿点标志，之后废弃包装由双元回收系统组织负责进行收集、清理、分拣和循环利用。

二、施行发展对策

当“循环经济、低碳生活”等有益于全球生态发展的理念逐步为世界人民所接受时，人们开始意识到这不仅是理念的问题，更重要的是要及时开始行动，国外很多城市纷纷采取相应的行动方案进行实践驱动。不过，各国经济发展程度和城市化进程不同，因而各国施行的发展对策也不尽相同，但基本上在生态效益评价指标的指导下进行。

（一）从立法角度构建循环型社会发展模式

从具体实践来看，发达国家发展循环经济几乎都是从立法工作开始的。德国早在 1972 年就出台了《废弃物处理法》，1991 年至 2000 年这十年间，颁布了与资源利用、废物处理、绿色采购等相关的十多部循环经济法规，构建了全面系统的循环经济法律法规体系，自上而下贯彻落实循环经济各项措施。另外，日本将 2000 年命名为“循环型社会建设元年”，通过了多项循环型社会法案，基本形成涵盖企业、园区、社会层面的法律法规体系。法国、比利时、奥地利和美国尽管没有颁发专门的循环经济法律法规，但它们将循环经济思想不同程度地融入相关法规之中，据此为循环经济发展提供制度保障。

（二）出台配套政策支持循环经济发展

发达国家在循环经济法律法规的指引下，出台了系列配套政策激励和约束企业、公众的行为。例如，美国政府为减少煤炭产业废弃物排放，采取出台政策法规、协同合作等一系列措施，促进循环型煤炭产业发展。德国在支持循环经济发展方面的举措主要包括：第一，经济政策补贴。德国政府通过实行信贷优惠、财政补贴等政策，支持、鼓励重化工企业发展循环经济。第二，税收政策优惠。德国政府设立专项资金，支持环保技术的研发创新，并制定相关税收政策，加征或减免燃料税、排放税、固定资产税，积极推广清洁能源的开发利用。第三，鼓励群众参与。建立健全覆盖各州、辐射面广的环境报告制度，搭建环境信息查询共享、举报监督平台，加大群众参与环境保护力度，强化对企业节能减排、环境保护的监管。除此之外，日本出台了《家用电器再生法》，延伸了生产者责任，要求家电制造商承担回收再利用、再制造的义务。

（三）技术创新提高资源能源利用效率

日本政府将发展循环经济、建设循环型社会作为国家战略，多领域、全方位构建循环经济技术体系。以煤炭产业领域为例，日本加大污染治理、废物利用、清洁生产、循环发电、洁净排放等技术的研发利用，在有效提高企业生产效益、能源利用效率的同时，最大限度改善企业、园区生态环境。在氧燃烧技术的带动下，煤炭发电效率高，二氧化碳排放量直线下降，日本煤炭相对于化石能源的消费仍然有较大的上升空间。德国政府通过科研项目攻关、建设经济中心、搭建研发平台、应用科研成果、企业重组合并等方式，加快推进循环利用技术的研究、开发和使用，有效提升资源能源利用效率，逐步形成企业之间的技术化、专业化协同发展格局。

（四）多方参与共同推动循环经济发展

发展循环经济和建设循环型社会，离不开民众的广泛参与。以德国为例，在全国大学设立 300 多个节能知识咨询点，政府与民众之间不定期举行研讨会，在出台相关政策之前广泛研讨、征求意见，鼓励公众对政府、企业的节能环保工作进行监督。应该看到，中介组织是连接政府、企业和工作的纽带，在信息咨询、技术培训和指导方面发挥着重要作用，德国建立的双元回收系统就是由民间组织成立建设的[166]。德国联邦消费者联合会及各州下属分支机构，提供节能信息咨询、环保监督管理等服务，全方位参与保障循环经济、循环型社会的建设发展。与此同时，各国的循环经济相关行业协会也发挥着不可替代的作用。发达国家企业依托行业协会组织进行联系，乃至制定发布行业性标准、落实执行行业性方案，进而规范、约束企业的生产和排污行为。日本建立清洁中心，负责为政府制定政策提供决策咨询服务，与企业联合开发节能环保技术，对公众进行循环经济宣传教育。除此之外，日本还建立了回收信息网络，通过发布共享废弃物回收信息、组织开展旧货调剂交易会等方式，为民众提供旧货处理、循环利用的平台。

第三节 国外区域循环经济评价与发展经验启示

国外在发展区域循环经济过程中，围绕生态效益综合评价、发展模式及其对策，形成了独具特色、成效显著、体系完整的发展经验，能够为我国省域循环经济的探索发展提供重要启示和参考借鉴。

一、生态效益综合评价

通过系列研究表明，在对循环经济发展现状的评价指标方面，日本通过运用物质流分析方法确定了以资源生产率、废弃物循环利用率和最终处置量为核心的评价指标体系，主要用于评价循环经济的发展现状，同时用来确定这些指标在未来应该达到的目标值[167]。在循环经济生态效益综合评价方面，国外更多地关注工业园区建设效益和区域可持续发展能力，很少就地区循环经济发展水平进行综合评估。欧盟则通过构建物质流指标体系并进行评价，来间接反映资源环境实际效益及其循环经济发展状况。Ivanovic 等通过建立综合指标体系对东欧国家的可持续发展状况进行评估，运用线性回归方法探讨经济发展与生态效益的关系，再次确认了两者之间存在负相关[115]。除此之外，国外学者还主张采用生命周期法、物质流分析法、敏感分析法等方法，对生态工业园区循环经济发展效益进行综合评价。

国外循环经济发展过程中对于评价指标体系的探索，无疑为我国区域循环经济发展提供了诸多借鉴方案。但相比于其他发达国家在循环经济方面的实践，我国起步较晚、经验不足，所以在我国区域发展循环经济的同时需要研究其他国家的实践，吸取经验教训，以国情为主，尽量少走弯路。对部分发达国家生态效益综合评价指标的研究，基本上也代表着生态效益将在今后很长一段时间内对经济社会发展产生深远影响，如生态效益中不断突显的科技指标趋势、技术指标趋势和产业发展趋势等，将对我国构建区域循环经济发展模式产生有益启发。

西方国家在循环经济实践进展中，将废物循环作为一种行动选择，但非最优选择[168]。在区域循环经济生态效益的评价过程中，一方面，不能单纯追求废物资源的循环利用，而要从源头上探索如何最大限度地减少资源能源消耗，以充分体现循环经济的减量化原则；另一方面，循环经济生态效益评价要与经济发展结合起来进行分析，经济发展程度的高低会切实影响循环经济发展水平，因此区域循环经济生态效益评价中要将经济发展的因素纳入进来，甚至要在经济系统中去构建区域循环经济生态效益评价指标体系。当我们对废物进行循环利用时，不能单纯构建生态圈或者生态效益链条，而应当秉持循环利用废物的理念，构建整个完整生命周期的产品影响评价体系。

此外，区别经济评价指标与循环经济评价指标，两者无法完全等同。区域循环经济中的 GDP 核算方法要计算绿色 GDP，应当扣除资源浪费和环境污染带来的经济损耗。同时，还应改变目前较具局限性的经济核算体系，通过引入绿色 GDP 国民经济体系，不断完善绿色核算制度，由此建立综合评价指标体系并对循环经济进程进行评价，从而为国民经济、循环经济建设发展提供指导。唯有如此，才能够将产值大但污染重的企业生产效益往生态效益方向引导。

二、发展模式及其对策

综观国外主要国家循环经济发展模式的成型过程，政府行为在省域循环经济发展中起着主导作用，归根到底也源于政府重视、不断强化自身责任、敢于投入，通过建立法律法规、完善政策支持体系、推动技术创新、吸引多方参与等方式共同推动循环经济发展，这些经验给我国循环经济发展提供了很好的借鉴。

首先，制定和实施循环经济相关法律政策制度，保障循环经济的发展[169]。发展循环经济需要立法先行，发达国家纷纷将发展循环经济纳入法制轨道并取得了显著成效，其普遍做法是在既有的宏观法律框架下，根据自身发展特点制定或修改各个专项法，同时通过明确各方责任并辅于相应的政策支持、激励机制、事后监督等手段推进循环经济的发展。因此，我国应当借鉴发达国家或地区的成功经验与做法，要加快完善相关立法，通过法律形式把循环经济的制度框架固定下来，以规范各方利益、责任等问题。在区域循环经济发展过程中，政府需要明确自己的角色定位，牢固树立经济建设、社会发展、资源有效利用和生态环境保护协调发展的原则，坚持适度有效的干预，关键提高其对拥有资源的配置效率和干预手段的运用效率，切实提高地方政府对循环经济发展的宏观调控效率和服务经济社会的能力。

其次，构建循环型产业体系，推动经济高质量发展。构建循环型产业体系，不仅可避免产业集群所导致的环境负面影响，还有助于发挥企业的协同效应，节约企业成本，实现外部规模经济，同时，通过产业链的纵向拓展和横向衔接形成生态产业链，可以有效提高资源能源的利用效率。生态工业园区作为一种典型的产业集群，已成为国内外装备制造业发展循环经济的重要载体。该种类型的园区主要是基于循环经济的“3R”原则，以生态环境友好和资源综合利用为基础，依托由生产型企业、消费型企业和分解型企业组成的生态产业链系统和产业共生网络，最终形成以循环经济为特征的产业体系，对促进可持续发展具有重要意义。第一，立足区域资源环境的实际情况，结合区域产业结构特点，针对性地对产业结构进行战略性调整，努力实现区域产业生态化和绿色化发展，进一步提升区域经济品质。根据国家产业化政策，优先发展“高知识、低物耗、高效益”的战略性新兴产业。大力引进以末端治理和废旧资源再生利用为核心的静脉产业，建立并完善生态产业链，努力实现对区域“城市矿产”的再生利用。第二，大力发展低污染、低排放的高新技术产业和服务产业，不断提高高新技术产业和服务业对区域经济的贡献率，坚持使用先进、适宜技术对传统产业的生产流程进行改造，从而推动产业之间的共生发展和产业内部能源的梯级利用与废旧资源的综合利用。第三，在产业发展过程中适时引进和承接符合环境标准的产业，并特别关注产业在未来的发展潜力，转移的产业也要满足该区域生态化建设基本要求，坚决拒绝引进对生态环境危害大的产业项目或企业。

最后，不可能完全模仿国外循环经济发展模式，需要立足我国国情进行本土探索。发达国家在发展循环经济上起步早，基本形成适合国情的发展模式。从我国循环经济发展现状来看，宏观上借鉴日本的循环型社会发展，生产系统参照丹麦的生态工业园，消费系统参照美国的循环消费，生产系统与消费系统之间借鉴德国的双元回收系统，改良成适合我国的“双系统循环共生模式”较为可行[170]。“双系统循环共生模式”中的“双系统”指资源、产品的生产系统和消费系统，“循环”指生产系统中各企业内部和企业之间、消费系统中各家庭之间、生产系统与消费系统之间的物质循环，“共生”指生产系统内部各企业之间、消费系统内部各家庭之间、生产系统与消费系统之间和谐共赢、共同生存，最终实现人与自然的和谐共生[171]。这种模式既不违背经济发展规律，在循环经济发展过程中起主导作用的依然是市场调节，但政府和第三方行业组织起着服务与引导的关键作用。在生产系统中，根据区域内产业发展特点和有限资源条件，构建较为完整的产业链，重点建设或改造为生态型产业园；在消费系统中，通过建立专业网站、发展废弃物交易平台、健全市场交易机制，让公众能够依托废弃物或旧物交易市场进行消费。除此之外，要进一步完善生产者责任制度，发挥第三方中介组织的协调作用，推动系统内无阻碍将废弃物从消费系统循环到生产系统，促进产业优化升级，进而建设、完善生态型区域。

第八章　我国省域循环经济生态效益综合评价及发展对策的具体实践

循环经济是把清洁生产、资源综合利用、生态设计和可持续消费融为一体，促进社会经济系统和自然生态系统良性互动的经济运行模式。在理论研究、实证分析、经验借鉴等基础上，进一步探究我国省域循环经济生态效益综合评价及发展对策的具体实践，从而实现理论与应用的紧密融合。

第一节　宏观层面：社会循环经济系统

社会循环经济系统主要体现在宏观区域层面。区域循环经济作为一种崭新的区域经济发展模式，是对传统区域经济发展的优化，是在结合“区域型”和“循环经济性”两个特性的基础上，强调“发展性”和“系统性”，旨在从全局和长远的角度思考区域经济社会可持续发展。

一、社会循环经济系统的特征构成

（一）社会循环经济系统的特征

区域循环经济系统是指在一定区域空间范围内，遵循区域经济发展的规律，综合考虑区域的资源禀赋能力和经济产业结构及社会发展情况，在“减量化、再利用、再循环”基本原则的指导下，以资源的高效利用和再生利用为核心，通过调整优化产业结构，构建循环经济产业链和循环型社会，最终实现区域内经济、社会、资源、环境的协调发展。与企业循环经济和园区循环经济不同，区域循环经济作为社会循环经济的重要组成部分，是一个更大的系统，包含的因素更为复杂多样，既有区域经济的特点，也有循环经济的特点。

1. 区域发展特色化

各区域都具有自身的地方特色，其资源禀赋、环境特征、人文环境、地理位置等自然和社会条件各不相同，因此各区域的产业结构和产业布局各具特色。区域循环经济必须以区域经济发展特色为基础，遵循区域经济发展规律，对特定的产业进行合理的循环化改造。所以，区域循环经济建设必须在突出地方产业特色的基础上，努力实现整个区域的协调发展。

2. 区域效益最大化

发展区域循环经济是以区域这个整体系统为研究对象，需要以系统论的观点，综合考虑整个区域系统的整体效益最大化。在产业发展方面，要兼顾农业、工业、服务业等多个产业的循环化改造，注重产业间的循环链接和分工布局，通过循环经济的发展，达到产业共生的目的。在利益相关者方面，对传统经济的改造和循环化发展，需要相关主体牺牲原有的短期利益，全面引导政府、企业、公众发挥各自作用，以区域整体的长远利益，参与到区域循环经济建设进程中。

3. 产业布局协调化

在发展循环经济过程中，受单个企业或行业的自身限制，往往难以形成物料资源的有效循环和充分循环。区域循环经济可以从整个区域发展的大范围，综合考虑不同行业的发展情况，结合各个行业的发展特色，加快产业布局及其规划，实现产业间、产业内的闭环发展，形成能源与资源的重复利用格局，进一步提高资源能源利用效率。此外，还可以充分利用产业集群及其相关技术等特色优势，进行园区和企业之间的技术研发、攻关、共享、互补，促进废弃物的无害化处理、产业化发展，进而形成新的经济增长点。

（二）社会循环经济系统的构成

1. 区域产业发展体系

区域循环经济产业体系由循环型工业、循环型农业和循环型服务业等三大产业构成。循环型工业，即在工业领域大力推行清洁生产，发展资源的综合利用和循环利用；循环型农业，即推进生态农业建设，重点发展绿色产品、无公害农产品和有机食品相关产业；循环型服务业，即重点发展绿色饭店、生态旅游和各种绿色服务业。

第一，重点推进循环型工业和循环型农业建设。循环型工业根据循环经济的“3R”原则进行生产设计，注重推行清洁生产，努力提高生产过程中原料和能源的循环利用水平，实现经济与环境的协调发展。循环型农业遵循的基本理念与循环型工业相似，是一种以人为本、符合可持续发展的产业发展模式。

第二，重点发展绿色消费和资源回收产业。作为循环经济系统中相互衔接的两个部分，绿色消费和资源回收使整个社会基本形成“自然资源—产品—再生资源”的循环型产业闭环。政府通过环境标志认证等方式，对绿色产品进行认证，表明产品在生产和消费过程都符合循环经济的生态友好要求，既满足了人们对绿色产品的质量需求，又降低了对环境的消极影响。

第三，加强循环经济产业链的延伸和发展。循环型产业链在区域范围内遵循循环经济的原则和指导思想，推动区域内相关企业的原料、产品、废弃物之间的互补互供，实现产业间资源、副产品的共享与互换。在循环型产业链中，某一种产品的原料经生产环节后的剩余物将成为另一种产品的原料，以此类推直至最高水平完成物料循环利用。在循环利用的基础上，将剩余无法利用的废弃物进行无害化处理后排放至规定处。

2. 区域基础设施体系

区域基础设施体系是区域循环经济系统的主要组成部分，包含水系统、能源系统、交通系统、信息网络系统等。水系统是区域循环经济系统的基本子系统，水是经济社会生产生活重要的物质基础，水资源的消耗离不开对区域的河流和湖泊的开发利用，由于河流、湖泊明显的跨区域特征，需要从区域循环层面对水资源的维护和使用进行研究。能源系统是维持地区生产和生活的重要基础与动力来源，能源体系的建设要充分考虑与区域经济发展的匹配程度，区域的产业发展如果缺乏有效规划、协调发展和合理集聚，能源体系则会成为区域循环经济建设的主要障碍。要合理规划区域层面的能源体系建设，重点推进生产和生活环节的节能降耗工作，加强风能、太阳能、生物质能等再生能源的开发与推广。交通系统是城市和地区发展的主要基础系统，科学规划的交通体系并非孤立的体系，交通系统的发展与区域社会、经济、科技、环境等众多方面相互制约[172]。随着信息化的建设，循环经济各项工作离不开信息网络系统的支持，信息网络系统所需的各项硬件和软件建设已成为区域基础设施体系的重要组成部分。

3. 区域生态环境体系

区域生态环境体系建设，主要包括生态建设、环境污染治理和自然灾害防治。对于生态建设，应该全面考虑跨区域、跨城市的特征，从区域甚至全球层面统筹生态建设工作，以达到一致的目标和预期的效果。环境污染治理需要摒弃传统的末端治理原则，从源头预防着手，鼓励企业、园区和城市以身作则，保证各个主体在各自系统中尽量减少污染废弃物的排放，充分考虑生态体系的相互关联性，以最大化解决经济建设进程中园区甚至城市的环境污染问题。自然灾害防治是一项复杂的系统工程，需要从区域循环经济层面才能有效完成防治工作，并充分考虑自然灾害发生的偶然性、跨区域和区域的相互联系性。

二、社会循环经济系统的影响因素

（一）经济水平

根据区域循环经济发展的特征和构成，区域循环经济发展与区域经济发展水平有着密切的联系，主要通过以下两个方面表现出来：一方面，循环经济发展过程需要大量的资金支持，而经济发展较好的地区有足够的能力设立各种循环经济发展专项资金，进而鼓励和引导其他主体参与循环经济建设，同时支持企业积极发展循环经济，在再造绿色生产流程中投入巨资，加快实现从末端治理到过程控制的全面转变。另一方面，区域产业结构现状也是影响区域循环经济发展水平的关键因素，产业结构的优化升级和调整有助于循环经济发展，尤其是高新技术产业与低能耗、低污染的第三产业发展，能够有效推动循环经济的健康发展。

（二）政府作用

区域循环经济的发展离不开地方政府的积极参与和引导，政府在循环经济发展过程中扮演着举足轻重的角色。政府能够创新有利于循环经济发展的价格机制，科学制订循环经济发展规划；能够建立和完善相关的环保市政设施，出台优惠的产业政策，营造适宜循环经济发展的大环境。此外，政府还能利用公共资源配置权和行政干预手段，通过信贷、财税等激励政策，扶持环保、再生资源利用、新能源等战略性新兴产业发展，引导相关人力、财力、物力等要素流向循环经济发展的相关产业和区域，促进循环经济发展。如果政府没有很好地履行自身职责，未能发展应有的作用，则无法营造有利于循环经济发展的社会氛围，也不能引导民间资金、技术等要素流向循环经济发展领域。由此说明，一个高效的政府能够显著推动当地循环经济发展，政府效率高低与循环经济发展指数存在显著的正相关关系。

（三）技术进步

循环经济的发展需要以大量的技术创新和技术扩散为支撑，这说明区域循环经济的发展不仅依赖生态技术支持，同时依赖生态技术的扩散能力[173]。主要基于三个方面原因：第一，资源综合开发程度的提高、物质和能源利用效率的提高及产业结构的合理化等，依赖技术的不断创新和进步。第二，与西方发达国家比较发现，我国各省区市的环境污染治理和资源再生利用等相关生态技术水平仍然比较落后，尚不能完全支撑区域循环经济的可持续发展。第三，省区市之间、省区市内不同地区的生态技术水平同样存在明显的差异性，需要将某些先进适用的生态技术在全国广泛推广和应用。

（四）路径依赖

省域循环经济发展水平的影响因素是多方面的，既有自然资源、环境及经济发展水平等地理、人文客观因素，也有各省区市以往的循环经济发展情况，即各省区市在循环经济发展过程中形成的路径依赖。在循环经济发展初期，受地理环境、制度环境和经济发展环境的影响，各省区市在对循环经济的推进力度上存在明显差异。我国较为发达的上海市凭借自己的优势条件，较早地在实践中实现制度和文化的转变，形成有利于循环经济发展的路径依赖，促进区域循环经济的健康发展。但是，我国西部地区基于条件限制，尚未形成发展循环经济的良好氛围，整体上仍依赖传统经济增长方式，注重经济增速而忽略发展质量。由此可见，路径依赖也是导致省域循环经济发展水平存在较大差异的主要因素之一。

三、社会循环经济系统的发展对策

（一）重视科学发展规律，夯实循环经济基础

科学发展是硬道理，是解决区域经济发展中所面临的资源危机、环境危机等问题的根本出路，是协调经济、社会与自然和谐发展的必然选择。因此，首先，要坚持以科学发展观指导区域经济发展，促进区域经济社会与资源环境的全面、

协调和可持续发展。其次，要摆脱传统经济增长方式的束缚，转变以牺牲环境为代价、片面追求经济总量增长的发展思想，加快建设资源节约型、环境友好型社会，缓和经济发展与环境保护之间的矛盾，提高环境承载力和资源利用效益，增强区域经济实力，为区域循环经济发展提供坚实的物质保障，最终实现经济社会的可持续发展。最后，西部地区经济实力虽然较为落后，但生态环境质量相对较高，因此需要特别注重经济的科学发展，切勿以牺牲生态环境为代价来片面追求经济总量增长，而应加强经济发展和生态环境保护，努力建设良好的区域生态环境，切实增强地区核心竞争力，以便吸引更多的资金发展本地经济，实现经济社会发展与环境质量提高的双丰收。

（二）提高地方政府效率，积极发挥引导作用

首先，在区域循环经济发展过程中，政府需要明确自己的角色定位，牢固树立经济建设、社会发展、资源有效利用和生态环境保护协调发展的原则，坚持适度有效的干预，关键提高其对拥有资源的配置效率和干预手段的运用效率，切实提升地方政府对循环经济发展的宏观调控效率和服务经济社会的能力。其次，政府干预和推广力度应该随着循环经济发展水平适时调整，从而既能发挥政府的积极作用，又能减少或者消除市场的消极影响[174]。在循环经济发展初期，由于节能减排、资源循环利用和采用先进技术等活动投入的费用较高，企业对发展循环经济的积极性不高，参与的能动性较小，政府应当适度进行干预。而在循环经济发展中后期，企业和公众开始享受到发展循环经济所带来的利益，对于参与循环经济发展的积极性也从被动转变为主动，这时应当发挥市场调节作用，同时适度减少政府的干预。此外，我国各省区市循环经济发展水平存在一定差距，地方政府对循环经济发展的干涉程度应该视地方经济发展情况而定。再次，政府注重履行公共服务职能，提供促进循环经济发展的公共产品和公共服务，加强节能环保等基础设施建设，建立垃圾、废弃物回收利用体系，完善再生资源信息平台和再生资源交易市场。最后，充分利用大众传媒，大力宣传建设资源节约型和环境友好型社会的意义，传播绿色环保的生产和消费观念，营造循环经济发展的社会氛围，积极引导其他主体参与循环经济建设。总而言之，地方政府的高效服务是循环经济发展的重要保障。

（三）健全法律支撑体系，加强执法监督管理

我国制定了《循环经济促进法》等一系列与循环经济发展相关的法律法规和政策文件，但循环经济法律体系仍不健全，缺乏专项法规及适应各个区域循环经

济发展的政策规章，法规政策落地性不足。因此，各地区可根据地方立法权限就国家尚未立法的事项提出申请，制定符合自身循环经济发展的法律法规和政策措施。尤其是在废弃物处理、资源综合利用等方面，明确规定地方政府、企业、公众所应行使的权利和义务，同时制定针对废旧电池、家电、金属等具有高污染、高回收价值的废弃物进行回收处理、再生利用等方面的相关法规，从而建立较为健全的循环经济法律政策支撑体系。此外，地方政府还应依据基本法规，进一步加大执法和监督力度，充分发挥法律法规对目标实现的保障和导向功能，以及公众与企业的规范和强制功能。

（四）完善激励约束机制，有效激发发展活力

我国各省区市循环经济发展水平存在差异，并且大部分省区市循环经济发展仍处于加快建设阶段，仅仅依靠市场对资源的优化配置还不足以解决区域循环经济发展过程中面临的诸多问题，因此需要相关政策法规发挥宏观调控作用以弥补“市场失灵”。第一，在制度安排方面，建立明确的产权制度和能够反映资源环境稀缺程度的价格形成机制，促使企业节约、高效利用自然资源，防止企业为追逐短期利益将自身行为导致的生态破坏、环境污染等成本转嫁到别人身上，使企业生产过程中的社会成本内部化。第二，地方政府应有选择地对部分产业试点施行生产者责任延伸制度，要求生产企业在废旧产品回收方面承担责任，从而促使企业在产品设计和生产阶段把环境保护作为最主要的考虑问题之一。第三，灵活应用促进循环经济发展的激励约束机制。建立和完善循环经济产品标志制度，列入政府采购目录中且要求政府优先采购此类产品，同时鼓励公众积极购买、消费环境标志性产品。第四，制定有利于地方循环经济发展的产业政策，通过调整财政、税收、投融资政策，对再生资源回收和加工企业，根据具体情况采取资金扶持、减免税收或贷款贴息等措施，对于采购再生资源设备的企业采取投资补贴政策等。

（五）重视科技研发创新，加大人才引育力度

我国各区域经济发展程度不一，各省区市应立足于本地区资源环境实际情况，从资源高效开发利用、能源梯级利用、污染综合治理和资源再生利用等角度选择迫切需要发展的某些生态技术，并进行重点科技攻关、掌握关键技术，从而摆脱关键技术受制于发达国家的困境。同时，不断加大科技投入，通过科技进步带动地区经济社会发展。根据地区产业格局，加强产业关键、共性节能环保技术的研发和推广，提升产业能源、资源利用效率。此外，人力资源是创新发展的源泉，科技人力资源更是科技发展的必备条件之一。各地区要积极培养高级管理人员和

高级科技人才，加大高层次人才引进力度，加强科技人员之间的交流学习，形成良好的交流互动体系，充分发挥人力资本对区域循环经济发展的促进作用。

（六）深化省域交流合作，深入开展经验借鉴

一些发达国家或地区在循环经济发展方面积累了丰富的实践经验，建立起比较成熟的循环经济发展模式。首先，各省区市应积极研究国外循环经济发展模式和借鉴国外发展经验，结合自身特点对某些方面进行本土化改良，制定更适合我国国情的循环经济发展模式。其次，我国较为发达的部分省区市（如上海等）较早对循环经济发展模式进行了积极探索，积累了大量行之有效的经验，初步建立了循环经济发展模式。如果各省区市之间能够进一步加强合作与交流，尤其是循环经济发展水平差距较大的东部省市和西部省区市加强协同互动，对促进不同区域循环经济的协调发展具有重要作用。最后，政府通过制定相关政策措施促使不同区域循环经济发展理念和先进技术的交流与扩散，如加强人才交流、鼓励企业间的技术转移、积极引进先进适宜的绿色生产流程和再循环技术等，将从整体上进一步促进我国循环经济发展水平的持续提高。

第二节　中观层面：生态产业园区

从循环经济发展的角度来看，生态产业园区的构建是以转变“高消耗、高污染、低效益”的传统经济增长方式为目标，以推进产业生态重组与优化为实现方式，形成物质闭路循环流动系统。

一、生态产业园区与传统产业园区

与传统产业园区相比，生态产业园区在目标价值实现、产业链条构成、资源利用方式等方面有较大差别，是对传统产业园区的创新突破。

（一）目标价值实现

传统产业园区依靠“原材料→产品（副产品）”的物质线性流动方式获取经济

利益，即产业链下游生产厂商购买上游的原材料资源，通过自身生产经营活动销售生产出的产品，并在市场上获取一定的经济利润。传统产业园区在目标价值实现过程中，由于生态设计、生态技术等方面的缺陷，不仅消耗了大量的自然资源，而且排放的废气、废水、固体废弃物未能得到有效处置，对自然环境造成较大破坏。生态产业园区的构建能够有效解决传统产业园区出现的资源浪费、环境破坏等问题，并对产业链的价值增值活动和目标价值内涵进行补充与延伸，以“资源→产品→再生资源→再生产品”的物质、能量、信息的闭路运动方式，实现经济效益、社会效益和生态效益的协调统一。

（二）产业链条构成

传统产业园区受物质线性流动方式的影响，产业链呈现出“链式”的发展形态，包括主链和辅链两大模块。主链模块涉及产业链的上、中、下游等三个层面，是产业发展的正常延伸和必然要求。当产业处于快速发展阶段时，产业链将出现辅链模块，产业生产的中间产品和副产品会进一步延伸为终端产品，物流运输、信息服务、电子商务等行业也与产业发展有着密切关系，从而形成相关细分行业和辅助行业构成的辅链模块。生态产业园区是在传统产业园区的基础上，进一步延伸和优化产业链条，将能源节约系统、资源集约利用系统、物质循环利用系统、再生资源回收利用系统、生态技术研发系统等融入产业链中，形成一批再生资源利用、生态环境治理、循环经济服务的行业和企业，从而构成一个网状的循环经济产业链形态。

（三）资源利用方式

从经济社会发展和人民生活水平提高的角度来看，传统产业园区的资源配置与利用方式基本上是有效的，能够生产出满足大众基本生活需求的物质资料，使相关企业获得经济利益。但从生态环境保护和自然资源利用的角度来看，以“大量生产、大量消费、大量废弃”为基本特征的传统产业园区的资源配置与利用方式较为粗放，造成自然资源巨大浪费和生态环境破坏。而生态产业园区以“低消耗、低排放、低污染、高效益”的发展模式为基本特征。一方面，能够用较少的资源耗费生产出适用的商品和劳务，科学高效地利用自然资源；另一方面，循环型生产方式能够节约大量资源能源，综合利用各种废物资源，并使这种生产方式给企业带来最佳效益，实现经济、生态、社会效益协调统一。因此，生态产业园区的资源配置与利用方式是集约高效的。

二、生态产业园区产业链构建模式

（一）生态产业园区产业链的组成

生态产业园区产业链是对传统产业园区产业链的改造重组和优化升级，在组合结构上比传统产业园区产业链更趋于完善。生态产业园区产业链的组合结构包括动脉结构、静脉结构和关联结构，但单纯的动静脉和关联结构的发展，并不能解决产业优化升级的根本问题，必须建立起共生融合机制，将三者有机融合为一体，见图 8-1。

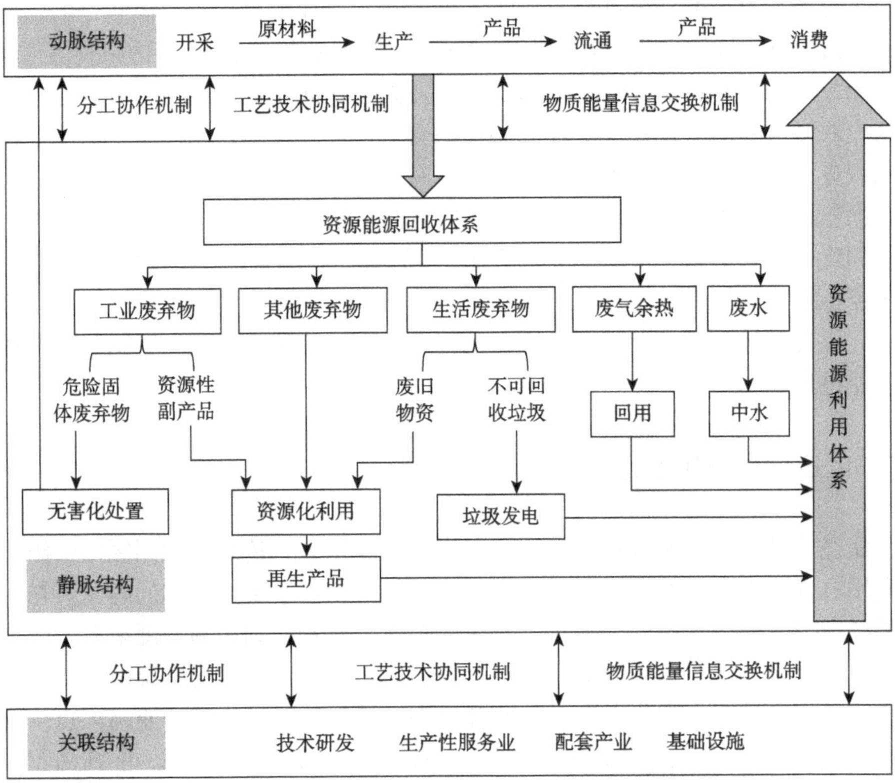

图 8-1　循环经济产业链的组合结构

1. 动脉结构

动脉结构指传统产业链的结构形式，包括原材料的开采、生产、流通和消费的整个过程，为构建循环经济产业链奠定基础[175]。动脉结构的大体过程是将自然资源与能源作为原材料投入到工业生产过程中，并通过生产加工后投入消费市场，消费者使用后变为废弃物返回到自然界中[176]。由此可见，动脉结构初始起源于自然资源，通过物料加工生产成人类所需物品，并在投入使用过程中强化节能减排、环境保护，进而最大限度实现自然资源、物资物料的价值增值。

2. 静脉结构

当生态产业园区产业链的动脉结构发展到一定程度后，资源使用量、废物排放量随之增多，容易对资源能源、生态环境保护造成威胁，因此需要构建产业链的静脉结构。静脉结构作为园区产业链的关键部分，涵盖废弃物的收集、分类、储运、利用等过程，具有资源化回收利用、废弃物再生使用、排放物无害处理等功能，对生态产业园区的建设、发展至关重要。在此过程中，通过对资源能源的循环重复利用，结合工艺、技术、设备的改造提升，进一步提高资源能源利用效率。

3. 关联结构

生态产业园区产业链的构建需要与之相关联的结构要素提供支撑作用，这就充分体现了关联结构的重要性。首先，构建产学研合作模式，加快减量化、回收利用、节能减排、污染治理、再制造生产等循环经济技术的研发。其次，发展物流、金融、信息等生产性服务业，为循环经济提供运输、资本、信息等相关配套服务。再次，建立配套产业合作关系，深化循环经济产业与相关生产、加工、销售等产业密切合作。最后，完善产业运行基础设施，建设配套的水电供应、污水处理、垃圾回收、废物处置等设施设备。

4. 融合机制

生态产业园区产业链的动脉、静脉、关联结构并非独立，它们之间相互作用、彼此依存，因此需要建立起三者的共生融合机制。第一，建立分工协作机制，充分发挥动脉结构、静脉结构、关联结构的角色功能，促进三者的技术、产品、组织和市场融合。第二，建立信息交换机制，搭建物质、能源的信息共享与服务平台，推动原材料、主产品、副产品、废弃物之间高效交换流通。第三，建立技术协同机制，开展动脉结构、静脉结构、关联结构协同发展的工艺技术研发，最大限度提高资源能源的利用效率。

（二）生态产业园区产业链的构建

任何产业的发展都是一个循序渐进的过程，基本上会依次经历萌芽期、发展期、成熟期、衰退期。生态产业园区产业链是在遵循产业发展规律和循环经济原则的基础上，以动脉结构、静脉结构、关联结构及其融合共生机制为主要内容，实现产业链的纵向延伸、横向耦合、循环链接的动态系统过程，主要包括断链、补链、延伸、耦合等四种构建方式[177]。

第一，生态产业园区产业链的“断链”。随着产业的发展，资源环境问题越来越突出，需要对传统产业链进行生态重组，断链就是其中的重要手段之一。一方面，需要淘汰能源消耗、环境排放不达标的落后产能、设备、工艺、技术，利用先进节能环保技术进行改造升级，使其符合资源能源、环境保护标准。另一方面，需要淘汰与市场需求格格不入的过剩产能，依靠市场的竞争机制、供求关系，引导产业高效益、高质量发展。

第二，生态产业园区产业链的“补链”。生态产业园区产业链包括自上而下、自下而上、中间向上下延伸三种方式，因此形成了动脉结构的上游、中游、下游三个层次，这也是传统产业链的构建方法。除此之外，生态产业园区产业链还包括静脉结构及其两者融合发展的问题，需要对生态产业园区产业链的缺失环节进行补链，进一步弥补循环经济产业链之间的断层。

第三，生态产业园区产业链的“延伸”。延伸产业链作为实现资源能源价值增值的基本手段，能够有效提高产业市场的竞争能力。在大力发展循环经济、加快建设生态文明的背景下，生态产业园区产业链建设不仅要向中下游延伸，更要向上游、中游、下游各端延伸发展，构建涵盖经济效益、生态发展、综合利用、再生制造等内容的生态产业园区产业链条，进而实现产业结构优化升级和生态环境发展效益。

第四，生态产业园区产业链的“耦合”。在竞争合作的时代背景下，单凭某个产业内部，往往难以满足产业发展需要，也会给产业的废弃物处理、排放物处置带来阻碍，进而制约产业发展循环经济。因此，产业要想扩大市场需求、提高竞争能力，必须与其他产业密切合作，建立相互依存、互利共赢的横向耦合关系。在此过程中，要围绕某个重点产业，形成相关辅助产业，以此构建资源、产品、排放物、废弃物等一体化耦合发展的产业集群。

三、生态产业园区发展的具体实践——以福建省上杭县蛟洋工业区为例

（一）园区基本情况

1. 园区概况

福建省上杭县蛟洋工业区成立于2005年6月，其中循环经济园区是蛟洋工业

区的核心，于 2007 年开始建设，2011 年被列为福建省“十二五”循环经济示范点园区，2013 年被福建省政府安全生产委员会办公室命名为“福建省安全园区”。蛟洋工业区位于上杭县东北部，总规划面积 18.81 平方公里，319 国道、308 省道、龙长高速公路、蛟城高速公路、厦蓉高速公路、赣龙铁路、赣龙铁路复线从园区穿过，是闽西连接闽南、闽北、广东、江西的重要交通枢纽。该园区按照产业结构功能，划分为金属产品及硫酸加工区、磷酸磷铵加工区、建材加工区等三个功能分区。

2. 产业基础

2018 年园区实现工业总产值 273 亿元，税收 5 亿元，利润 8.5 亿元。近年来，园区按照“资源节约型、环境友好型”思路进行环保设计，初步形成以铜、金等有色金属冶炼及硫、磷、碘、氟化工等相配套的完整循环经济产业链，基本实现企业环环相扣。园区企业实力不断增强，涌现出紫金铜业有限公司、瓮福紫金化工股份有限公司、福建德尔科技有限公司等多家实力强劲的龙头企业。其中，紫金铜业有限公司 2017 年的年产值超过 100 亿元，瓮福紫金化工股份有限公司 2016 年的实际完成销售收入达 12.14 亿元。

3. 基础设施

园区先后投入大量资金用于基础设施建设，形成了比较完整的基础配套设施体系。已建成位于坪埔村西南侧的上杭县第二污水处理厂，园区污水量约为 9.0 万米^3/天，大部分可自流至污水处理厂。蛟洋工业区规划范围内现有 3 座变电站，保障园区的电力供应。已建成投产的田螺坑水库水厂日供水规模约 2500 米^3/天，满足园区用水。同时，已建成以铜产业公共技术服务平台、铜产业技术检测中心、铜产业协会、上杭工业园区铜产业物流中心、蛟洋坪埔有色金属物流中心等为载体的铜产业服务区。此外，园区现有人口的安置、生活设施、文化娱乐、教育设施等都已完备。

（二）园区具体实践

1. 更加优化园区空间布局

近年来，蛟洋工业区立足区位特点、资源优势、县域工业布局，坚持资源开发与环境保护并重，规划构建资源配置合理、区域经济互补、功能布局明确，形成了以循环经济发展为重要依托的“一环两带四组团”的空间布局结构。“一环”指沿国道 319 线—省道 308 线— 一号路—二十一号路；“两带”指北部由邱坊组团和蛟洋（镇区）组团形成的带状用地，以及南部由循环经济示范区组团和坪埔组团形成的带状用地；"四组团"指邱坊组团、蛟洋（镇区）组团、循环经济示范区组团和坪埔组团。园区布局呈现带状多组团生态型城市空间结构，较好地实现了园区土地的合理规划利用。

2. 调整优化园区产业结构

园区结合本区域产业和资源的比较优势，依据自身的产业定位，以发展循环经济为契机，不断调整产业结构，发展形成以铜、金为主的有色金属冶炼加工中心，同时开发利用和消化其他副产品，延伸发展与之相配套的氟化工、磷化工、新型建材、电子氟气体等下游产品及精深加工产品，形成产业链紧密相连、环环相扣的循环经济工业。同时，延伸拓展加工贸易、物流配送、科技创新、市场信息咨询、绿色服务平台等生产性服务业。

3. 打造循环经济产业链条

蛟洋工业区通过完善和延伸有色金属、精细化工、新型建材等特色产业的内部及产业间的产业链，优化产品结构，合理构建铜冶炼、黄金冶炼、磷化工、氟化工、水泥添加剂、石膏板、电子氟气体等循环经济产业链，减少产品生命周期的资源消耗、废物排放、环境影响。通过构建产品链条，提高产品的市场抗压能力和竞争能力，有效增强产业链的稳定性与柔韧性；通过节能减排举措，强化水资源的回收利用、集中治污，减少水资源使用量和废水排放量，进一步提高水资源的利用效率；通过清洁化、优质化生产，转变经济发展方式和能源利用方式，实现能量的梯级利用，形成以"铜产业"为核心的循环经济产业链条。

4. 推进能源资源集约利用

在能源节约集约方面，一是蒸汽余热综合利用。园区生产过程中产生的余热，通过余热锅炉产生大量饱和蒸汽，一部分减压后用于熔炼厂蒸汽干燥铜精矿，其余则送饱和蒸汽发电机组发电，组成了余热回收式的"热—电"联动系统，为企业自身及下游的化工企业提供生产用电，实现热电联产。二是节能技术改造。包括阳极炉稀氧燃烧工艺改造与高低压电机变频节能优化，阳极炉多氧燃烧优化改造采用稀氧燃烧工艺革新技术，每年可减少重油消耗（较改造前减少 50%）并带来二氧化碳及氮氧化物减排（烟气量降低 60%~70%）的生态效益。高低压电机变频节能优化能够减少空气的吸入量，降低烟气量的产生，同时还可节约大量电量。三是完成能源管控中心建设。实现能源综合监控、基础能源管理、氧气预测与调度、应急预案管理等功能，达到能源管控"理得清、控得住、降得下"的目的。

在资源节约集约方面，一是废水重复利用和废水零排放。成立废水"零排放"

领导小组，加强对废水“零排放”工作的组织领导和统筹规划，积极持续开展废水“零排放”工作。二是选矿尾渣替代熔炼用石英砂造渣。选铜尾渣回收铁精矿、污酸回收有价金属、杂铜再生利用，减少矿山固体废弃物，降低闪速炉造渣剂采购费用。三是“修旧利废”降低物耗。按照“谁维修、谁签字、谁负责”的工作原则，制定“修旧利废”等相关管理制度，确保“修旧利废”工作的高效开展。

5. 加强污染治理设施建设

在水环境综合治理方面，园区要求各企业实施雨污分离、内部处理循环梯级使用和“零排放”。在大气环境综合治理方面，园区设置污染物采样监测孔，按照总量控制要求，加强重点企业大气污染的治理。在噪声污染防治方面，采取项目减震和隔音措施、优化产区布局等技术和管理手段，设置卫生防护距离，采取隔声效果措施。在固体废弃物的综合治理方面，对不同的固体废弃物采取针对性处理方式，实行责任区包干管理，基本实现区内固体废弃物的100%综合利用。

（三）园区建设经验

1. 循环经济基础较好，绿色体系基本建立

蛟洋工业区结合自然资源、区位交通、科技创新等方面的优势，以生态效益与经济效益并重的理念为指导，遵循循环经济减量化、再利用、再循环“3R”原则，建设循环经济龙头企业。蛟洋工业区依据自身的产业定位，以发展循环经济为契机，不断调整产业结构，以年产30万吨铜冶炼项目为龙头，以“铜、金”冶炼为中心，以硫酸及其下游新产品加工为延伸，形成以铜、金等有色金属冶炼及硫、磷、氟化工、新型建材、电子氟气体等精深加工产品完整的循环经济产业链，形成产业链紧密相连、环环相扣的循环经济产业体系。园区2011年被列为福建省“十二五”循环经济试点示范园区，2017年顺利通过福建省“十二五”循环经济示范点园区验收，成为福建省循环经济示范园区，整个循环经济基础较好，绿色循环低碳体系基本建立。

2. 主导产业链明显，绿色化发展方向明确

蛟洋工业区通过完善和延伸有色金属、精细化工和新型建材等特色产业的内部及产业间的产业链，构建铜冶炼、黄金冶炼、磷化工、氟化工、水泥添加剂、石膏板、电子氟气体等循环经济产业链。通过推进能源结构的清洁、优质化，发展与经济发展水平相适应的能源利用方式，优化能源配置、落实能源设施空间布局，实现能量的梯级利用，提高能源效率。目前，整个蛟洋工业区已经形成了以

“铜产业”为核心的四条循环经济产业链。一是铜精矿→阳极铜→阴极铜→铜材料加工产业链。二是铜精矿→阳极铜→阳极泥→金、银、硒等稀贵金属产业链。三是铜精矿→烟气→浓硫酸→湿法磷酸（添加磷精矿）→磷酸、磷酸二铵、碘等化工产业链。四是矿石→磷精矿→磷石膏渣→水泥添加剂、纸面石膏板等产业链。由此可见，蛟洋工业区整个循环经济产业链完整，在废水、废弃、废渣、余热利用方面成效显著，绿色发展方向明确。

3. 资源环境优厚，生态环境优越

目前，整个工业园区发展绿色效益明显，大气环境质量较好；梅坝溪、下道湖溪、蛟洋溪、古田溪、黄潭河水质均达到《地表水环境质量标准》（GB3838-2002）的Ⅲ类水质标准；地下水质量较高，各项指标均满足《地下水质量标准》Ⅲ类标准值要求，高锰酸盐指数基本达标；产业开发区内及周边现有村庄的环境噪声良好，可以达到《声环境质量标准》（GB3096-2008）中 2 类区标准；土壤环境各项指标基本符合《土壤环境质量标准》（GB15618-1995）二级标准要求，整个园区生态环境优越。此外，工业园区矿产资源丰富。上杭县蕴藏（已探明的）金、铜、银、铀、大理石、石灰石、稀土、瓷土等 30 多种矿产资源，其中以铜、金资源尤为丰富。经地质部门勘查，2010 年已探明的紫金山及中寮铜矿的铜金属量达 400 万吨，远景储量达 650 万吨以上（铜金属量）。紫金矿业集团股份有限公司下属紫金山金铜矿属国家级特大型金属矿床，被中国黄金协会命名为“中国第一大金矿”。截至 2016 年底，累计探明可利用黄金资源储量 318 吨；累计探明铜矿资源储量 215.8 万吨、远景资源储量达 500 万吨以上。优良的自然环境、丰富的生态资源有力地支持了绿色园区的建设发展。

4. 工业资源综合利用产业规模稳步壮大

工业园区大力推进蒸汽余热综合利用、阳极炉稀氧燃烧工艺改造、高低压电机变频节能优化，实现能源高综合利用率。紫金铜业有限公司的余热回收式的“热—电”联动系统，为企业自身及下游的化工企业提供生产用电，实现热电联产。整个余热发电工程项目年发电量为 3500 万千瓦时，年可节约标准煤 1.2 万吨，相当于减少排放二氧化碳等温室气体 2.5 万吨。熔炼厂、动力厂、制酸厂等波动负载电机系统电机变频改造项目共投资 1746 万元，变频改造电机共计 300 多台（装机容量超过 9200 千瓦。在工业用水循环利用方面，做到清污分流、一水多用和串级使用，提高了工业用水重复利用率。其中，紫金铜业有限公司建设了 4000 米^3/天污水应急处理站、11 000 立方米事故污水收集池和 76 000 立方米废水回用调节池。在生产末端物料综合回收方面，紫金铜业有限公司采用国际先进的卡尔多炉工艺技术，回收阳极泥及其他含金物料中的有价金属元素，2017 年年产

30万吨阴极铜、15吨黄金、300吨白银、80万吨硫酸及铂钯等稀贵金属，年产值200亿元以上。此外，紫金铜业有限公司先后开展废电解液生产硫酸铜和硫酸镍、废气回收制酸等工程，实现了资源的高利用率，整个能源综合利用产业规模逐步发展壮大。

5. 技术装备水平不断提高

近年来，工业园区相关绿色产业、循环经济产业技术装备水平不断提高，为绿色园区的发展建设提供了技术支持。稀氧燃烧工艺革新技术、活性焦干法脱硫工艺广泛采用、动力波除重金属技术、玻璃钢酸雾净化等技术的广泛应用，为整个工业园区带来了大量的生态效益、经济效益。紫金铜业有限公司采用活性焦干法脱硫工艺，取代氧化镁法、石灰-石膏湿法脱硫工艺，对铜冶炼过程的环境集烟和硫酸尾气进行脱硫、除尘治理，分别建设熔炼系统环境集烟和硫酸尾气脱硫装置，该技术已获得2015年工业和信息化部推荐的《工业清洁生产关键共性技术案例》，作为行业推广、示范工艺项目。

第三节　微观层面：生态企业

我国循环经济逐步开始全面推进，产业结构不断优化升级，这就对企业节能减排、清洁生产提出了更高要求，循环型、生态型企业成为今后企业的发展趋势，也必将使其成为循环经济的实施主体。

一、生态企业的建设任务

（一）节能减排

节能减排指在企业生产全过程中，通过节能减排技术运用，提高能源利用效率，减少废弃物排放。例如，在煤炭、电力、天然气等能源消耗量较大的企业中，开展淘汰落后设备、锅炉窑炉改造、余热余压利用、电机系统节能、煤改气、集中供热等节能项目，能源消耗量逐步降低，节能项目实施效果显著。在生产过程中，按照系统节能的要求，实行管理节能、技术节能、结构节能并举，以较少的资金投入，实现最大的经济效益和节能效益。

（二）清洁生产

清洁生产是一种既可满足人们需要又可合理使用自然资源和能源并保护环境的实用生产方法与措施，实质是将废物减量化、资源化、无害化，或消灭于生产过程之中[178]。清洁生产主要包括三个方面内容：清洁能源与原料使用、清洁的生产过程、清洁的产品。相对于传统的末端治理，清洁生产注重生产源头的预防和生产过程的控制，通过在生产源头上实施污染防治，在生产过程中采用先进的生产工艺、设备和科学的管理手段，不断提高资源的利用效率，同时降低生产、服务和产品使用过程中对生态环境造成的不利影响。在企业生产领域，产品制造过程中会伴随着产生大量的废弃物和污染物，不仅造成资源浪费，还会对生态环境产生恶劣影响。因此，需要注重产品生产过程的清洁化，通过实施清洁生产来降低污染排放、提高资源利用效率。

（三）产品回收再制造

产品回收再制造主要包括回收和再制造两方面。就产品回收而言，主要指通过逆向物流管理来实现对损坏、报废产品及其零部件进行回收的过程，其根本目的是要处理好进入再制造环节中的回流产品或零部件。而产品再制造指以先进的产品再制造技术为手段，对产品进行修复和高性能改造，实现产品性能和原始产品无差异化，甚至优于原始产品的过程。产品再制造包含两个层次：一是性能升级，在产品技术指标无法满足当下需求的情况下，采用相应的技术手段，对产品部分性能进行升级换代；二是再制造加工，在产品即将面临报废时，对产品失效部分进行寿命分析，并以旧产品为再制造原料，运用先进的再制造技术进行加工，使产品性能得到恢复。

二、生态企业的建设步骤

（一）第一阶段：基础情况分析

首先，收集各方面的相关资料，对企业生产环节的基本情况进行全面分析，包括企业生产结构的特点、产品结构、生产投入的原料、工业技术水平、生产成品，以及生产中产生的废弃物的性质、产量、用途、利用情况与流向，并找出污染物和废弃物产生的主要环节等情况。通过对投入产出情况进行详细分析，为后续合理构建生态企业提供科学依据和前期准备。

（二）第二阶段：构建生态关系

通过第一阶段对企业特点与企业生成的副产品和产生的废弃物的种类和性质，以及废弃物排放与利用的基本情况进行分析，依据循环经济原理和生态学原理，根据企业内部各生产环节可以形成的物质能量的交换关系，横向进行产品供应、副产品交换，纵向形成产业链连接，构成类似自然界的“食物网”。在此基础上，将企业生产环节进行定位和划分，依次分解为生产环节、消耗环节、排放环节、可回收环节，初步形成企业内部生产的生态关系，为实现资源的高效利用、能源的有效节约和物质的循环利用奠定坚实基础。

（三）第三阶段：构筑网络体系

进一步明确企业内产生的副产品和废弃物，分析副产品和废弃物的来源、种类、性质、总量和用途。明确企业产生废弃物的攻关技术，加强科研力量，加大科技研发力度，并将具有创新理念和有能力对这些废弃物进行技术攻关的人才引入企业内部，突破制约废弃物资源化利用的技术瓶颈，从而扩展企业的生态关系网，形成完整的生态企业网络体系。

（四）第四阶段：建设基础设施

生态企业网络体系确定之后，便可以开始建设基础设施系统，提高运行效率，包括资源利用率和生态效益。通过对公共基础设施的集中配置，可实现对废弃物和废水的集中收集处理，防止集群内企业因基础配置重复建设而造成成本浪费，将企业在财力和物力方面节省下来的成本投入到生产的关键环节上，提高资源的配置效率。建设基础设施方面，主要包括基础设施、交通设施、网络信息中心、技术孵化中心、人才中心、培训咨询机构等。其中，基础设施主要有集中供水系统、集中供热系统、污水处理中心、垃圾处理中心、废旧物资交换中心等，网络信息中心负责收集、分析和发布集群内企业的各项生产活动信息、废物交换信息及联系企业间的生产关系，技术中心对废旧资源的再利用、废水的净化利用等提供技术支撑，人才中心和培训机构为企业发展提供相应的人力资源保障。

三、生态企业的发展对策——以装备制造企业为例

装备制造业又称装备工业，是为满足国民经济各部门发展和国防建设需要提供技术装备的各类制造工业的总称，是推进国家工业化进程的一个重要支撑环节，涵盖了机械工业和电子工业等国民经济行业中生产投资类产品[179]。在装备制造业领域，构建生态企业模式重点应将循环经济理念贯彻到企业发展当中，注重对物料、水、电等资源能源的利用效率，有助于企业有效落实循环经济的“3R”原则，推动装备制造企业的绿色、低碳和可持续发展。根据装备制造业企业生产特征，建设生态企业着重从清洁生产和回收再制造领域入手。

（一）装备制造业生态企业推行清洁生产

推进装备制造业生态企业实现资源、能源的综合利用，可再生能源对传统石化能源的代用，减少废弃物和污染物排放，需要紧密围绕产品的整个生命周期过程，同时严格按照循环经济的“3R”原则来构建清洁生产模式。

1. 产品绿色设计

传统的装备产品设计大多只考量产品某种功能的实现，没有从产品整个生命周期的角度去考虑资源消耗和环境影响等因素，由此导致资源的大量浪费及较高的污染排放。装备产品的绿色设计要求基于产品的整个生命周期，综合考虑其资源利用率、环境友好性、拆卸简易程度、可再制造性等绿色指标，并将其作为设计考虑的首要内容，力求在保证产品功能、性能和质量的前提下，获得既满足资源与环境属性要求又具备可行性的绿色装备产品设计方案。

装备产品的绿色设计主要包括产品市场需求分析、产品功能设计、产品概念设计、产品详细设计、产品设计方案综合评价等过程。

产品市场需求分析：对市场用户、竞争对手产品、国外同行业产品进行调研，为装备产品性能设计提供依据。

产品功能设计：对产品结构、零部件规格、主要精度指标、参数等进行设计，以保证装备产品达到某种系统性的功能。

产品概念设计：对装备产品主要结构的实现方式及实现该方式的主要配置等进行构思和系统化设计。

产品详细设计：综合考虑产品的整个生命周期，对产品可靠性、材料、生产工艺、包装、回收处理等环节进行设计。

产品设计方案综合评价：绿色设计过程实际上是一种并行的设计模式，需要与工艺人员不断进行沟通、交流，就产品的成本、能耗、物耗、可维护性、可拆卸与可回收性等指标进行讨论，以保证获得具备可行性的产品设计方案。然后，通过对已设计出的可行性方案进行评价，尤其对资源消耗和环境影响等因素进行评价，若满足评价要求则作为最终绿色设计方案，否则重新进行设计[180]。

2. 生产过程清洁

装备产品生产过程一般可分为毛坯生产、热处理、机加工、涂装、装配调试五个阶段，要实现每个生产阶段的清洁化，可以从以下几个方面入手。

1）资源利用、能源节约方面

资源利用方面。主要通过对固体废弃物、废水的循环利用，实现物料的节约和循环利用，从而间接消除导致污染产生的可能性。其中，在固体废弃物循环利用方面，装备制造过程中产生的固体废弃物大部分集中在毛坯生产和机加工阶段，主要有废砂、废渣、废水、废油、粉尘、边角料和削切屑等。此外，在装配调试阶段还会产生少量由金属、木质等材料构成的包装废弃物（主要来自外购件包装），通过对其进行分类回收与处理，将可利用的部分重新返回到生产流程。

能源节约方面。从循环再利用的角度讲，能源节约主要通过对毛坯生产、热处理阶段中废热、余热的再利用来实现。

2）污染防治方面

清洁生产要求在源头上注重对可能产生的污染进行预防与治理，具体包括清洁能源与环保材料的使用、废气治理、清洁生产技术的应用和科学的管理方式、末端治理等。

第一，清洁能源与环保材料的使用。装备制造过程中的毛坯生产和热处理阶段涉及铸造、锻压等多个高污染环节，而这些环节对煤炭等石化能源与非环保材料的使用是造成污染的一个重要因素。因此，需要推动电、天然气等绿色清洁能源与新型环保材料对传统石化能源及非环保材料的替代。

第二，废气治理。装备制造过程中会产生大量的废气，主要集中在毛坯生产和热处理两个阶段，如毛坯生产阶段会产生大量的二氧化硫、氮氧化物等挥发性气体，热处理阶段会产生氯化钡烟雾、氨气、酸和苛性钠等气体。因此，需要采取有效的处理措施，净化或降低装备制造各阶段产生的废气量。

第三，清洁生产技术的应用和科学的管理方式。清洁生产技术应用的核心是通过应用实施铸锻节能节水技术、粉尘污染防治技术等清洁生产工艺技术，以及数控机床、高级加工中心等先进设备，对电机节能、污水处理设施等传统生产设备进行技术改造，由此改善整个生产环境。科学的管理方式主要指根据装备制造产品的具体生产过程建立完整的环境管理体系，通过对人员、资金、物料等生产要素进行科学化、规范化、精细化管理，在保证产品功能完备性与质量可靠性的基础上，达到节约能源与资源、减少废弃物产生的目的。

第四，末端治理。末端治理指对工业污染产生后进行的治理，本质是实现污染物在不同介质中的转移，而不是彻底消除污染物[181]。在现有技术条件下，依靠清洁生产实现装备制造企业废弃物和污染物零排放的可能性还比较低，因此对生产过程中不可再利用的固体废弃物、废水等物料，需要经过无害化处理并达到环境排放标准后再进行排放，或是经分类收集后直接交由具备专业资质的单位进行统一处理。如热处理阶段中，清洗用水含有大量的残碱、石油类等有害物质，需要经过中和沉淀、絮凝沉淀等方式处理达标后进行排放；高温盐、中温盐、硝盐、淬火盐等废渣，需要送至专业的化工厂进行统一处理。

（二）装备制造业生态企业强化回收利用

装备产品的回收再制造主要包括五个环节。

1. 清洁与拆卸

通过环保清洁设备或液体对回收来待拆解的报废装备进行外观整体清洗，去除产品外部的积尘、油污等，为下一步拆解提供便利。然后，根据产品设计图纸和装配工艺，运用高效无损拆解技术对产品进行拆解，对拆解后的零部件进行分类清洗，以去除零部件表面的油垢、锈斑及涂料层等，为下一步对零部件的检测分类做准备。

2. 检测分类

对经过拆解和清洁后报废装备的零部件进行检测，确定其再利用或再制造性。装备产品在使用过程中由于设计缺陷、制造材质不达标、载荷过大、环境介质作用等影响，会导致零部件功能的失效。因此，需要通过特殊设备及相关检测技术对失效零部件性能进行检测，并对达到检测标准而具备再制造可能性的零部件进行归类处理；对于拆解和清洁后的其他废弃物，把可利用的部分进行再循环利用，不可利用的部分以环保方式进行处置。

3. 再设计

根据客户要求、市场需求、库存情况等多方面信息，对废旧装备损耗情况及其零部件残缺信息进行分析，通过对其再制造工艺、结构设计，使废旧设备的再利用最优化。再设计不是对设备及其零部件的简单还原，而是在原有结构基础上对设备及其零部件进行创新设计，最终使整机或零部件的功能得到恢复、提升。

4. 再制造加工

运用绿色工艺技术对报废装备的零部件进行修复或升级，使其性能达到或超越新产品的技术标准。一般再制造的绿色工艺技术包括高速电弧喷涂技术、纳米电刷镀技术等先进表面工程技术和机械加工技术，具体技术的选择要视零部件的磨损情况而定。

5. 再装配与测试环节

经过再制造技术加工后的零部件，根据装备设计方案，与替换的新部件进行组装，该过程一般在装配线上完成，形成批量化生产。产品装配后，需要对每一个再制造装备产品的各项指标按照原始装备产品标准进行测试检验，而不是采取原始的抽样测试检验方式。这也是再制造装备产品的性能合格率较高，甚至优于原始装备产品的原因。最后，产品重新注入市场进行销售和使用。

四、生态企业的具体实践——以海源为例

（一）企业基本情况

作为中国循环经济协会常务理事单位，福建海源复合材料科技股份有限公司（曾用名为福建海源自动化机械股份有限公司，以下统一简称海源）是一家立足于绿色产业并倡导技术领先的成套机电液一体化装备、轻量化节能制品的制造商，是全球产品门类最多、规模最大的液压成型技术和装备的供应商之一，也是先进制造业和中国创造力的典型代表。海源将“绿色产品、改善环境、造福人类”作为其品牌使命，通过与福州大学、中国科学院海西研究院等高校及科研院所合作，不断强化技术创新能力，先后完成 100 多项新产品研发，并成为《陶瓷砖自动液压机》《蒸压砖自动液压机》《蒸压砖自动码垛机》等 3 项国家行业标准的主要制定者。

海源在陶瓷、绿色墙材、耐火材料、复合材料领域创造了多个“中国第一”：第一台千吨陶瓷砖全自动液压机、第一台千吨耐火材料全自动液压机、第一台千吨墙体材料全自动液压机、第一条直接在线长纤维增强热塑性复合材料制造成套生产线。特别是在新型墙体材料领域，海源生产的全自动液压机占据我国 80%的市场份额。近年来，海源通过 ISO9001-2008 质量管理体系、ISO24001-2004 环境管理体系、OHSAS18001-2001 职业健康安全管理体系的认证。凭借雄厚的研发实力与行业领先的技术水平，海源已成为国内陶瓷机械、墙体机械龙头企业。

（二）企业具体实践

装备制造业高消耗、高污染的典型特征，使海源十分注重生态化发展，大力倡导循环经济理念，持续推进产品全过程清洁生产，并逐步探索产品零部件再制造业务，不仅将工业生产污染物降至最低水平，而且有利于实现产品整个生命周期的循环。由于机械零部件毛坯是由与海源合作的专业铸、锻企业严格按照海源产品设计进行生产，海源清洁生产环节主要集中在零部件的加工制造阶段。

1. 设计环节：推行绿色生态设计

以墙体材料全自动液压机为例，近年来，随着工业化的迅猛发展，我国粉煤灰、脱硫灰、电石渣、矿渣等工业废弃物产生量逐年增加，如不能对其进行有效处理，将会对环境产生恶劣影响。由于国内市场缺乏对工业废弃物进行大规模回收再利用的装备，基于这样的环境形势与市场需求，海源设计研发了新墙材装备，将工业废弃物回收制备建筑用砖，利废率达到 90%以上，有效实现了工业废弃物的资源化再利用。

就具体设计而言，提倡节材、节能、无废或少废的绿色设计。其中，可靠性方面，产品设计在充分保证性能可靠的基础上尽可能做到节材减重，如基于有限元分析对液压机产品上下横梁进行结构拓扑优化，不仅改善产品力学性能，而且减轻产品重量，提高材料利用率。材料选择方面，以钢材、铜材、铝材等金属材料为主，由于受当前技术水平限制尚无理想的替代品，但海源通过各种努力，利用绿色设计已将产品的非绿色性降到最低程度。生产工艺设计方面，通过干切削技术实现机床在金属零部件切削加工过程的低污染；采用变量泵系统、插装阀系统等节省能源的设计，或采用定量泵与变频电机相结合的方式，降低产品运行过程的能耗；采用新型开关电源多芯片电源模块，使许多电源转入闲置待机时功耗大减。产品包装方面，为避免包装对环境造成污染，需要采用可回收或可再生利用材料，为此尽量减少对木质包装的使用，对于电子部件的包装采用可降解材料。产品回收处理方面，产品重量的 80%以上原材料是钢、铜、铝等金属材料，因此产品报废时可做到全部回收；产品还应用了面向回收再制造的拆卸设计，如可以对电器、阀件等易出故障的部件进行拆卸，通过维修或再制造使其恢复原有功能。

2. 生产环节：全面推行清洁生产

清洁生产是一个规模庞大的系统工程，涵盖技术、管理等多方面问题。从海源来看，推行清洁生产实践主要包括物料循环与再利用、技术升级与设备更新、生产过程科学管理等方面。

首先，物料循环与再利用。资源综合利用是实施清洁生产的一个关键环节，废物资源的有效利用包括生产过程的废弃物循环利用和利用废弃物生产其他产品。海源产品生产过程的废弃物主要是金属边角料、切削屑和冷却油等，还包括集成块、油缸、轴承等一些不合规格的零部件。其中，边角料等固体废弃物经统一回收后定期交由专业的第三方机构进行处理，冷却油、试车油等废液主要通过过滤方式直接回用；不合规格的零部件由设计部门重新设计并交由生产部门改制为其他用途零件回用于生产流程。

其次，技术升级与设备更新。工艺是将原材料转化为产品的基本软件，工艺的完善程度不仅决定着生产过程中物料及能源的消耗量，也对产品的品质起着重要影响。技术与设备是保证工艺水平的基础，为此海源以消耗高、污染严重的技术环节和陈旧设备为着力点，不断创新环保工艺技术。例如，喷涂环节中运用循环回收技术，将喷砂房内的砂料、粉尘等进行分离，砂料进入喷砂罐内循环使用，粉尘经过除尘系统过滤截留。此外，选用先进的大型镗床、卧车、加工中心等数控设备，减少生产过程的废弃物排放。

最后，生产过程科学管理。数据表明，约 30%以上的工业污染是由生产过程管理问题导致的，因此对装备制造业而言，通过科学的管理方式，可以在节省成本开支的情况下有效减少废弃物排放。海源的管理方法主要有：开展废弃物审计，对生产过程实行污染预防分析与评估，掌握从原材料到产品生产过程的物料、能量和废弃物产生的情况，针对性地改进薄弱环节；定期维护与保养生产设备，保持其良好工况；严格按照海源环境质量管理体系监督各种消耗指标及排污指标，及时发现问题并进行改善；加强宣传教育，建立有关清洁生产激励机制，充分发挥员工在清洁生产方面的积极性、创造性。

3. 排放环节：强化回收与再制造

回收与再制造是装备制造业发展循环经济的关键环节，该环节的加入实现了产品生命周期的拓展，使传统产品生命周期过程由“从摇篮到坟墓”转变为“从摇篮到再现”。海源通过绿色适用理念的倡导，吸引了国内外大量客户，同时建立了“5S”服务系统，在国内各地设立客户服务中心及备件库，并辐射全世界，可对生产线及损坏的零部件提供回收服务和及时、专业的维修服务，见图 8-2。其中，产品回收主要通过对产品故障零部件的逆向物流管理来实现，如用户向客服中心提出退换或维修申请，通过海源的售后维修渠道对符合退换或维修要求的部件进行回收，或通过海源委托的第三方物流企业进行回收。而在产品再制造方面，由于对整机进行再制造的可能性不大，产品设计之初主要考虑对电器、阀件等易损零部件进行维修与再制造。目前，海源对废旧零部件主要采取以旧换新的措施，而对生产过程的不合格零部件或不能满足客户生产需求的零部件采取改制的方式进行重新利用。

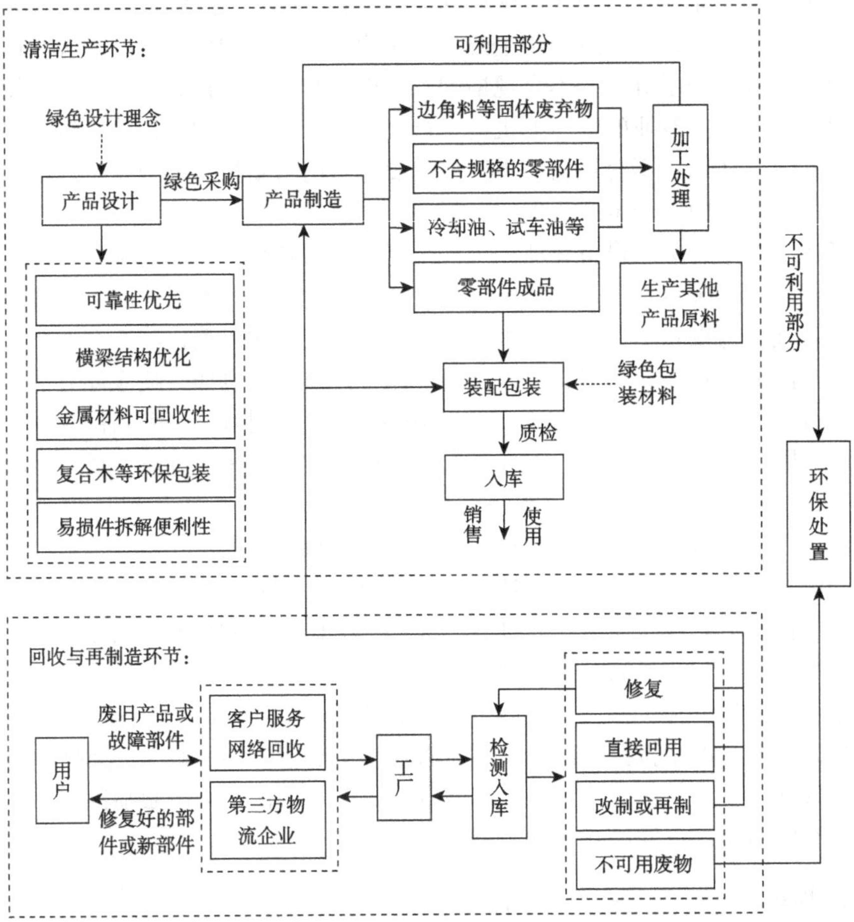

图 8-2 海源机械墙体材料全自动液压机清洁生产与回收再制造流程

第九章　结　　语

第一节　研究结论

发展循环经济是一项复杂的系统工程，受到各方利益相关者的博弈行为影响。本书基于博弈视角，在对循环经济进行研究概述、现状描述的基础上，较为系统、深入地探讨了我国省域循环经济生态效益综合评价及发展对策。

通过理论研究与实证研究、定性分析与定量分析相结合，围绕研究主题进行调查分析，取得下列研究结论。

一、我国省域循环经济利益相关者的博弈模型构建与博弈行为分析

（1）我国省域循环经济博弈主体分析。我国省域循环经济发展实践过程中，主要受到政府、企业、公众等核心利益主体影响，三者之间形成复杂的利益关系。政府作为社会整体效益最大化的代表，综合运用行政、法律、经济等手段进行宏观调控，力求经济效益、社会效益、资源效益、环境效益之间达到最优状态。企业追求自身利益最大化，容易受到经济效益驱使，讲求付出成本与取得收益之间的利益平衡，完全属于“理性经济人”。公众注重自身效用最大化，看重社会效益和环境效益，但往往缺乏社会参与的意识、能力与途径。

（2）我国省域循环经济博弈模型构建。我国省域循环经济发展是一个由多方参与的复杂动态博弈过程，博弈主体包括政府、企业、公众等核心利益相关者，从而形成了不完全信息的动态博弈模型。在循环经济发展博弈过程中，政府有扶持和不扶持两种选择策略，企业有发展和不发展两种选择策略，公众有参与和不参与两种选择策略，由此设置政府补贴、成本、收益、概率等三方博弈模型参数，

进而得出八种策略组合下的收益矩阵。

（3）我国省域循环经济博弈情况分析。我国省域循环经济的博弈主体各有差异、功能不同，政府是发展循环经济的主导，企业是发展循环经济的关键，公众是发展循环经济的基础。政府主要通过出台政策、技术支持、财税、补贴、奖励、福利等经济手段和行政方式，激发企业发展循环经济的积极性和公众参与循环经济的主动性。企业主要依托政府调控支持、自身带来收益、公众消费产品等内外动力，理性化选择性开展循环经济实践。公众主要依靠政府政策引导、社会福利受惠、参与途径畅通等实际情况，进一步提升循环经济发展的参与度和获得感。

二、我国省域循环经济生态效益综合评价指标体系构建

（1）指标体系构建原则。我国省域循环经济生态效益综合评价指标体系的构建，应当遵循科学性与实用性、简明性与完备性、系统性与层次性、独立性与操作性、前瞻性与针对性等原则。科学性与实用性原则要求做到指标体系严谨、合理，指标目的明确、定义准确，指标设置简单明了、易于理解，数据来源准确、可靠，处理方法科学、规范。简明性与完备性原则要求具体指标能够全面、准确地反映我国省域循环经济发展的主要目标。系统性与层次性原则要求综合评价指标体系既是一个完整的系统，又能在不同层次、不同侧面采用不同的指标对各子目标进行描述和规范。独立性与操作性原则要求在指标选择方面避免重复性、重叠性，注重指标的可取性、可比性、可测性、可控性。前瞻性与针对性原则要求指标紧密结合当时的目标和规划及经济社会、生态资源状况，设置相应的评价标准及其权重，且能够反映循环经济评价对象发展的趋向性。

（2）评价指标主要内容。基于“经济-环境-社会发展”的三维视角，从总体层、目标层、指标层、变量层等四个方面，构建了我国省域循环经济生态效益综合评价指标体系。总体层：紧紧围绕“我国省域循环经济生态效益”这个主题，挖掘理论基础、本质内涵、主体要素、发展趋势等。目标层：立足资源利用、废物处理、环境保护、技术进步、设施改善等五个要素，构建能直接体现省域生态效益状况的目标体系。指标层：围绕每个目标，从不同纵深设置指标，构成层次清晰、系统严密的纵向系统。变量层：筛选相互联系的代表性度量，具体反映指标状态、程度、强度。

三、基于博弈论的我国省域循环经济生态效益综合评价模型构建与实证分析

（1）我国省域循环经济生态效益综合评价模型构建。根据指标体系构建原则，结合数据的可获得性，建立起5个二级指标、25个三级指标的我国省域循环经济生态效益综合评价指标体系。在此基础上，进行原始数据整理、数据标准化处理，开展主成分分析与聚类分析。

（2）我国省域循环经济生态效益综合评价实证分析。以我国31个省区市为研究对象，开展我国省域循环经济生态效益评价研究。研究表明，我国省域循环经济发展水平差异显著，不均衡发展态势明显，优次顺序为东部地区、中部地区、东北地区、西部地区，尤其是广东、江苏、山东、浙江等省份发展循环经济的经验值得总结借鉴、推广应用。

四、我国省域循环经济的发展层次、模式和对策探讨

（1）我国省域循环经济发展层次。我国省域循环经济发展主要包括宏观层面的社会循环经济系统、中观层面的生态产业园区、微观层面的生态企业等三个层次。社会循环经济系统属于循环经济发展的高级阶段，涉及社会的方方面面。生态产业园区旨在形成稳定性的共生网络，主要有单一共生型模式、网络共生型模式、虚拟共生型模式。生态企业是循环经济发展的基本单元，尚需朝着打造科技企业与造福社会、环保节能与低碳循环融合发展的现代化企业方向努力。

（2）我国省域循环经济发展模式。围绕我国省域循环经济发展的不同类型，遵循"因地制宜、差异发展"的设计原则，综合考虑各类型地区所处阶段及发展形势，以系统化、差异化理念针对性地引导不同类型地区选择和制定循环经济发展战略。针对优化开发区域、重点开发区域、限制开发区域、禁止开发区域，相应采取内源自生型、内外共进型、外源推动型、外源强制型等我国省域循环经济发展模式。

（3）我国省域循环经济发展对策。应当从优选发展模式、加强法治监管、完善激励机制、推进技术研发、深化交流合作等方面着手，促进我国省域循环经济的可持续发展。优选发展模式主要包括优化开发区域、重点开发区域、限制开发区域、禁止开发区域；加强法治监管主要包括法律法规体系、目标责任制度、绿

色核算制度、政府监管体系；完善激励机制主要包括市场运行机制、奖励惩罚机制、绿色采购机制、监督管理机制；推进技术研发主要包括健全研发体系、鼓励技术创新、攻关核心技术、培养研发人才；深化交流合作主要包括政府紧密配合、区域密切合作、政企网格管理、信息共享对称。

五、国外区域循环经济生态效益综合评价及发展对策的经验启示

（1）国外区域循环经济生态效益综合评价。基于循环经济理论基础，国外构建了区域循环经济多元评价指标体系，如欧盟建立国家物质流核算指标评价体系、日本逐步完善循环经济指标等。基于此，国外开展了区域循环经济生态效益评价，逐渐从初期的指标建设理论化转变到实践探索并逐步迈进商业化运作。

（2）国外区域循环经济发展模式及其对策。美国、德国、日本等发达国家的区域循环经济实践形成了优选发展模式和施行发展对策的典型经验可供借鉴。优选发展模式主要包括微观层面的杜邦模式、中观层面的卡伦堡模式、宏观层面的双元回收系统模式。施行发展对策主要包括：以日本为代表，从立法角度构建循环型社会发展模式；以德国为代表，从生产和消费角度构建双元回收系统模式；以美国为代表，从引导公众消费观角度构建循环生产模式；以法国为代表，从行业自身着手协作构建循环经济发展模式；以丹麦为代表，从生产系统生态学切入着手构建园区式经济模式。

（3）国外区域循环经济评价与发展经验启示。生态效益综合评价方面，应基于资源生产率、废物利用率、环境水平、社会福利等维度，建立与绿色 GDP 相配套的区域循环经济生态效益综合评价指标体系。发展模式及其对策方面，国外强调政府行为对区域循环经济发展的主导作用，通过运用经济手段、法律手段和行政手段进行资源的优化配置，进一步规范企业、产业园区、城市社区建设的运行，有规划、有节奏地引导国民经济朝着循环经济方向发展；除此之外，注重发挥政府、行业、企业、公众在区域循环经济发展过程中的作用，使其各司其职、协同发展。

六、我国省域循环经济生态效益综合评价及发展对策的具体实践

（1）宏观层面——社会循环经济系统。社会循环经济系统的特征主要包括区

域发展特色化、区域效益最大化、产业布局协调化。社会循环经济系统的构成主要包括区域产业发展体系、区域基础设施体系、区域生态环境体系。社会循环经济系统的影响因素主要包括经济发展水平、政府作用、技术进步、路径依赖。社会循环经济系统的发展对策主要包括重视科学发展规律，夯实循环经济基础；提高地方政府效率，积极发挥引导作用；健全法律支撑体系，加强执法监督管理；完善激励约束机制，有效激发发展活力；重视科技研发创新，加大人才引育力度；深化省域交流合作，深入开展经验借鉴。

（2）中观层面——生态产业园区。生态产业园区与传统产业园区在目标价值实现、产业链构成形态、资源配置与利用方式等方面存在区别。基于动脉结构、静脉结构、关联结构、共生融合机制等生态产业园区产业链的组合结构，构建“断链”“补链”“延伸”“耦合”等生态产业园区产业链。基于此，以福建省上杭县蛟洋工业区为例，探究生态产业园区发展的具体实践。

（3）微观层面——生态企业。生态企业的建设任务主要包括节能减排、清洁生产、产品回收再制造。生态企业的建设步骤主要包括基础情况分析、构建生态关系、构筑网络体系、建设基础设施等四个阶段。以装备制造企业为例，从全面推行清洁生产、着重强化回收再制造等方面，探讨生态企业的发展对策。基于此，以福建海源自动化机械股份有限公司为例，从设计、生产、废物排放等环节着手，探究生态企业的具体实践。

第二节　不 足 之 处

本书基于博弈视角，从研究基础、发展概述、博弈模型、博弈行为、指标体系、综合评价、发展模式、国外经验、我国实践等方面，对我国省域循环经济生态效益综合评价及发展对策进行了较为系统、深入的研究，但是在研究过程中存在一些不足之处。

（1）设定的博弈分析背景条件过于理想化，未能对我国省域循环经济博弈模型中“政府、企业、公众”等利益相关者博弈情况进行细分，例如，就企业而言，大型企业与中小型企业、上游企业与下游企业的博弈模型及其博弈行为如何；就政府与公众的关系而言，没有对政府的社会形象与公众的拥护信任进行价值评估。

（2）我国省域循环经济建设处于起步阶段，理论研究与实践探索的成果不多，本书立足国内外发展情况，尝试性选取博弈视角进行本土化研究与探索，但是基于博弈策略的我国省域循环经济发展应用成效有待检验，以升华相关理论、深化具体实践，达到理论研究与实践开展的紧密融合。

（3）随着形势的发展变化，需要更加紧扣我国科技创新、再造技术、再生资源、国际合作等发展趋势，开展博弈视角下的我国省域循环经济发展研究。尤其是在我国省域循环经济发展过程中，基于利益相关者理论，如何融合"绿水青山就是金山银山""垃圾分类""绿色发展"等理念，值得进一步深入研究和探索。

第三节　未 来 展 望

循环经济在可持续、低碳、新常态等理念指导下，取得了可喜进展和不少成绩，并且还在一路高速发展。未来，在"污染防治攻坚战""绿水青山""垃圾分类"等背景下，循环经济发展将会发挥越来越重要的作用。因此，今后重点围绕三个方面开展我国省域循环经济研究和实践。

（1）根据利益相关者博弈各方实际情况，进一步细分并构建各类博弈模型及其博弈行为，充分考虑分担成本、共享收益等要素，探讨成本与收益变化引起的各方利益变化和均衡发展模型，并对博弈模型或利益变化进行价值评估，以此深入探索相关方博弈策略分析在我国省域循环经济发展中的应用途径。

（2）加强我国省域循环经济发展的国内外交流合作与本土化探索实践，使国际上各种循环经济思想和技术与我国进一步融会贯通、结合应用。同时，在完善的循环经济理论和制度体系下，不断突破技术壁垒和投资成本的阻碍，缩短技术转变为应用的时间和过程，逐步形成政府调控、市场调节、企业为主、公众参与的我国省域循环经济发展体系。

（3）基于博弈视角，运用利益相关者理论，进一步加强循环经济下我国垃圾分类相关研究。例如，通过对比分析国内外的城市生活垃圾分类现状，总结我国生活垃圾分类的现存问题，对我国城市生活垃圾分类进行有效奖惩、限制、约束，由此建立多主体的垃圾分类回收产业链，从而确保各方利益相关者的博弈选择及其行为有助于循环经济可持续发展。

参 考 文 献

[1] 胡锦涛. 坚定不移沿着中国特色社会主义道路前进 为全面建成小康社会而奋斗——在中国共产党第十八次全国代表大会上的报告[EB/OL]. http://cpc.people.com.cn/n/2012/1118/c64094-19612151.html[2019-07-20].

[2] 国务院. 国务院关于印发循环经济发展战略及近期行动计划的通知[EB/OL]. http://www.gov.cn/zhengce/content/2013-02/06/content_1631.htm[2019-07-20].

[3] 习近平. 决胜全面建成小康社会 夺取新时代中国特色社会主义伟大胜利——在中国共产党第十九次全国代表大会上的报告[EB/OL]. http://cpc.people.com.cn/n1/2017/1028/c64094-29613660.html[2019-07-20].

[4] 郗永勤，等. 循环经济发展的机制与政策研究[M]. 北京：社会科学文献出版社，2014：7.

[5] 诸大建. 循环经济的崛起与上海的应对思路[J]. 社会科学，1998，（10）：13-17.

[6] 解振华. 走循环经济之路 实现可持续生产与消费[J]. 环境保护，2003，（3）：3-4.

[7] 马凯. 贯彻和落实科学发展观 大力推进循环经济发展[J]. 宏观经济管理，2004，（10）：4-9.

[8] Kipperberg G. A comparison of household recycling behaviors in Norway and the United States[J]. Environment and Resource Economics，2007，36（2）：215-235.

[9] 牛文元. 关于循环经济及其立法的若干问题[J]. 中国发展，2007，（3）：1-5.

[10] Brouillat E. Recycling and extending product-life：an evolutionary modeling[J]. Journal of Evolutionary Economics，2009，19（3）：437-461.

[11] 谢家平，孔令丞. 基于循环经济的工业园区生态化研究[J]. 中国工业经济，2005，（4）：15-22.

[12] 王明寿. 技术循环：循环经济的本质特征[J]. 西北师大学报（社会科学版），2009，46（4）：125-128.

[13] 齐建国. 循环经济与绿色发展——人类呼唤提升生命力的第四次技术革命[J]. 经济纵横，2013，（1）：43-53.

[14] 姜伟新. 大力发展循环经济 加快增长方式转变——姜伟新副主任在建设节约型社会国际研讨会上的发言[EB/OL]. https://www.ndrc.gov.cn/fggz/hjyzy/fzxhjj/200509/t20050915_1203190.html[2019-07-20].

[15] 张凯，崔兆杰. 循环经济研究[M]. 北京：中国环境出版社，2013：15.

[16] 金涌，郭倩. 未来循环经济的四大发展趋势[J]. 中国环境监察，2018，（8）：24-25.

[17] 陈宏军. 供应链绿色驱动机理与驱动强度评价方法研究[D]. 吉林大学硕士学位论文，2012.

[18] 王乐，武春友. 区域循环经济概念及发展模式研究综述[J]. 现代管理科学，2011，(4)：14-16.
[19] 尹琦，肖正扬. 生态产业链的概念与应用[J]. 环境科学，2002，23（6）：114-118.
[20] 毛锋. 区域可持续发展的理论与对策[M]. 武汉：湖北科学技术出版社，2000：74.
[21] 何敏，刘友兆. 江苏省相对资源承载力与可持续发展问题研究[J]. 中国人口·资源与环境，2003，13（3）：81-85.
[22] 中国科学院地理科学与资源研究所，中国 21 世纪议程管理中心. 可持续发展指标体系的理论与实践[M]. 北京：社会科学文献出版社，2004：32.
[23] Pearce D W，Atkinson G D. Capital theory and the measurement of sustainable development：an indicator of weak sustainability[J]. Ecological Economics，1993，8（2）：103-108.
[24] 胡鞍钢. 全球气候变化与中国绿色发展[J]. 中共中央党校学报，2010，14（2）：5-10.
[25] 黄志斌，姚灿，王新. 绿色发展理论基本概念及其相互关系辨析[J]. 自然辩证法研究，2015，31（8）：108-113.
[26] 李兆前，齐建国，吴贵生. 从 3R 到 5R：现代循环经济基本原则的重构[J]. 数量经济技术经济研究，2008，(1)：53-59.
[27] 国务院. 国务院关于印发大气污染防治行动计划的通知[EB/OL]. http://www.gov.cn/zwgk/2013-09/12/content_2486773.htm[2019-07-20].
[28] 生态环境部. 2014 中国环境状况公报[EB/OL]. http://www.mee.gov.cn/hjzl/zghjzkgb/lnzghjzkgb/201605/P020160526564730573906.pdf [2019-07-20].
[29] 佚名. 土壤排毒，请植物帮忙（环境与人）[EB/OL]. http://www.people.com.cn/GB/paper68/13452/1205243.html[2019-07-20].
[30] 肖俊. 我国农村环境保护法制建设的思考[J]. 湘潮（下半月），2011，(9)：33-34.
[31] 科学技术部. 我国矿产资源总回收率仅为30%[EB/OL]. http://www.most.gov.cn/gnwkjdt/200506/t20050617_22531.htm[2019-07-20].
[32] 李钢. 中国经济增长中的综合能耗贡献分析——基于 1978～2007 年时间序列数据[J]. 数量经济技术经济研究，2010，(3)：16-27，54.
[33] 乔法容，周林霞，冷元元. 循环经济：绿色发展伦理研究[M]. 北京：人民出版社，2016：11.
[34] 律星光. 聚焦循环经济，促进资源高效利用——访清华大学教授、巴塞尔公约亚太区域中心执行主任李金惠[J]. 财经界，2014，(16)：23-26.
[35] 叶金国，张云. 健全循环经济评价与考核制度[N]. 经济日报，2014-04-24（14）.
[36] 马歆，郭福利. 循环经济理论与实践[M]. 北京：中国经济出版社，2018：28.
[37] 梅多斯 D H，兰德斯 J，梅多斯 D. 增长的极限[M]. 李涛，王智勇译. 上海：机械工业出版社，2013：36.
[38] 康芒纳 B. 与地球和平共处[M]. 王六喜，王文江，陈兰芳译. 上海：上海译文出版社，2002：39.
[39] Frosch R A，Gallopoulos N E. Strategies for manufacturing[J]. Scientific American，1989，261（3）：144-152.
[40] Pearce D W，Turner R K. Economics of Natural Resources and the Environment [M]. London：Harvester Wheatsheaf Press，1990：76.
[41] Yang P P，Lay O B. Applying ecosystem concepts to the planning of industrial areas：a case study

of Singapore's Jurong Island[J]. Journal of Cleaner Production，2004，（12）：1011-1023.

[42] Pretty J N，Morison J I L，Hine R E. Reducing food poverty by increasing agricultural sustainability in developing countries [J]. Agriculture, Ecosystems & Environment，2003，95（1）：217-234.

[43] 陶思源. 德国发展农业循环经济的成功经验及启示[J]. 世界农业，2013，（6）：15-17.

[44] Tal A. Seeking sustainability：Israel's evolving water management strategy[J]. Science，2006，313（5790）：1081-1084.

[45] Tilman D，Cassman K G，Matson P A，et al. Agricultural sustainability and intensive production practices[J]. Nature，2002，418（6898）：671-677.

[46] Mishima S. Recent trend of nitrogen flow associated with agricultural production in Japan[J]. Soil Science and Plant Nutrition，2001，47（1）：157-166.

[47] 沈金生. 循环经济发展中政府、企业和公众利益博弈与对策——兼论部分国家循环经济成功经验[J]. 中国海洋大学学报（社会科学版），2010，（1）：49-54.

[48] 宝艳园，徐荣盘. 循环经济激励机制的哲学思考[J]. 南都学坛（人文社会科学学报），2006，26（1）：112-114.

[49] Poeschl M，Ward S，Owende P. Prospects for expanded utilization of biogas in Germany[J]. Renewable and Sustainable Energy Reviews，2010，14（7）：1782-1797.

[50] Zhang B，Bi J，Fan Z Y. Eco-efficiency evaluation of industrial system in China：a data envelopment analysis approach[J]. Ecological Economics，2008，68（1/2）：306-316.

[51] van den Bergh J C J M. Environmental regulation of households：an empirical review of economic and psychological factors[J]. Ecological Economics，2008，66（4）：559-574.

[52] Bithas K，Kalimeris P. Re-estimating the decoupling effect：is there an actual transition towards a less energy-intensive economy？[J]. Energy，2013，51：78-84.

[53] British Petroluem. Statistical Review of World Energy [EB/OL]. http://www.bp.com/statisticalreview [2019-07-20].

[54] Huang D D，Zeng W H. The forecast of price index based on wavelet neural network[R]. 2011 Fourth International Conference on Business Intelligence and Financial Engineering.

[55] Giljum S，Behrens A，Hinterberger F，et al. Modeling scenarios towards a sustainable use of natural resources in Europe[J]. Environmental Science & Policy，2008，11（3）：204-216.

[56] Wang L. Development pattern of circular economy in Jiangsu coastland[J]. Asian Journal of Agricultural Research，2009，（1）：49-52.

[57] 夏传勇. 经济系统物质流分析研究述评[J]. 自然资源学报，2005，（3）：415-421.

[58] 孟丽莎. 城市循环经济的模糊综合评价研究[J]. 中国流通经济，2008，（2）：34-37.

[59] 王雅丽，刘洋. 基于循环经济的区域 REE 系统模糊多级综合评价研究[J]. 安徽农业科学，2008，36（19）：8370-8372.

[60] 章波，黄贤金. 循环经济发展指标体系研究及实证评价[J]. 中国人口·资源与环境，2005，15（3）：22-25.

[61] 田金方，苏咪咪. 循环经济评价指标体系的设计及评估方法[J]. 统计与决策，2007，（8）：35-36.

[62] 诸大建，邱寿丰. 作为我国循环经济测度的生态效率指标及其实证研究[J]. 长江流域资源与环境，2008，17（1）：1-5.
[63] 刘浩，宋阳. 循环经济发展能值评价及实证研究[J]. 中国人口·资源与环境，2008，18（1）：79-83.
[64] 刘滨，王苏亮，吴宗鑫. 试论以物质流分析方法为基础建立我国循环经济指标体系[J]. 中国人口·资源与环境，2005，15（4）：32-36.
[65] 王舒，黄贤金，陈逸. 区域循环经济发展评价的应用研究——以江苏省为例[J]. 江西农业大学学报（社会科学版），2006，5（1）：110-113.
[66] 曹小琳，晏永刚，景星蓉. 区域循环经济测度指标体系、评价方法与实证研究——以重庆市为例[J]. 重庆大学学报（社会科学版），2008，14（3）：30-35.
[67] 张小龙. 基于生态效率的循环经济评价指标体系的研究——山西省实证研究[D]. 太原理工大学硕士学位论文，2015.
[68] 秦念茹. 黑龙江省循环经济发展水平综合评价研究[D]. 东北林业大学硕士学位论文，2015.
[69] 万纤. 区域循环经济评价研究[D]. 华中师范大学博士学位论文，2014.
[70] 王春香. 我国区域循环经济发展的综合评价[D]. 湖南大学硕士学位论文，2014.
[71] 徐玖平，赵勇，黄钢，等. 循环经济系统论[M]. 北京：高等教育出版社，2011：20.
[72] 杜传忠，刘英基. 中国农村工业化发展循环经济的博弈分析及对策研究[J]. 中国人口·资源与环境，2010，20（9）：1-6.
[73] 彭瑜. 基于 DEA 的工业循环经济效率评价——浙江、江苏、山东、广东四省比较研究[J]. 商场现代化，2011，（16）：79-80.
[74] Schaltegger S，Sturm A. Ökologische Rationalität: Ansatzpunkte zur Ausgestaltung von ökologieorientierten Managementinstrumenten[J]. Die Unternehmung，1990，44（4）：273-290.
[75] World Business Council for Sustainable Development. Eco-efficient leadership for improved economic and environmental performance[R]. World Business Council for Sustainable Development，Geneva，1998.
[76] OECD. Eco-efficiency[M]. Paris：Organization for Economic Cooperation and Development，1998：85.
[77] Meier M A. Ecoefficiency evaluation of waste gas purification systems in the chemical industry[J]. Reproductive Biology & Endocrinology，1997，（25）：35.
[78] Hellweg S，Doka G，Finnveden G，et al. Assessing the eco-efficiency of end-of-pipe technologies with the environmental cost eco-effciency indicator [J]. Journal of Industrial Ecology，2005，9（4）：189-203.
[79] Michelsen O，Fet A M，Dahlsrud A. Eco-effiency in extended supply chains：a case study of furniture production[J]. Journal of Environmental Management，2006，（3）：290-297.
[80] Hoffen J. Measuring the eco-efficiency of welfare generation in a national economy[D]. Doctoral dissertation of Tampere University，2001.
[81] Dahlström K，Ekins P. Eco-efficiency trends in the UK steel and aluminum industries[J]. Journal of Industrial Ecology，2005，（4）：171-188.

[82] Korhonen P J，Luptacik M. Eco-efficiency analysis of power plants：an extension of data envelopment analysis[J]. European Journal of Operational Research，2004，(2)：437-446.
[83] Sarkis J. Ecoefficiency: how data envelopment analysis can be used by managers and researchers[R]. Intelligent Systems and Smart Manufacturing.
[84] 王金南. 发展循环经济是21世纪环境保护的战略选择[J]. 环境科学研究，2002，15(3)：34-37.
[85] 诸大建，朱远. 生态效率与循环经济[J]. 复旦学报(社会科学版)，2005，(2)：60-66.
[86] 邱寿丰. 福建省生态效率研究[J]. 闽江学院学报，2009，30(1)：69-73.
[87] 李丽平，田春秀，国冬梅. 生态效率——OECD全新环境管理经验[J]. 环境科学动态，2000，(1)：33-36.
[88] 毛建素，陆钟武，杨志峰. 环境管理基本特征初探[J]. 环境科学动态，2004，(4)：6-9.
[89] 戴玉才，小柳秀明. 环境效率——发展循环经济路径之一[J]. 环境科学动态，2005，(1)：20-22.
[90] 周国梅，彭昊，曹凤中. 循环经济和工业生态效率指标体系[J]. 城市环境与城市生态，2003，16(6)：201-203.
[91] 陈起俊，陈艺中，刘兴民. 建筑废弃物管理相关利益群体演化博弈分析——基于循环经济理论[J]. 建筑经济，2017，38(10)：70-77.
[92] 刘炜，陈景新. 基于重复博弈的京津冀循环经济区域合作研究[J]. 中国农业资源与区划，2016，37(1)：17-22.
[93] 庞建刚，张华鑫. 基于博弈论的循环经济产业链上下游企业策略选择[J]. 统计与决策，2016，(16)：178-181.
[94] 魏婷，吴长年. 一种工业园区生态系统健康评价方法及其应用[J]. 长江流域资源与环境，2007，16(5)：680-684.
[95] 王震，石磊，刘晶茹，等. 区域工业生态效率的测算方法及应用[J]. 中国人口·资源与环境，2008，18(6)：121-126.
[96] 杨文举. 基于DEA的生态效率测度——以中国各省的工业为例[J]. 科学·经济·社会，2009，27(3)：56-60.
[97] 汪东，朱坦. 基于数据包络分析理论的中国区域工业生态效率研究[J]. 生态经济，2011，(4)：24-28.
[98] 汪克亮，张晨阳，孟祥瑞. 环境压力视角下中国地区工业生态效率的异质性[J]. 科技管理研究，2016，36(10)：242-248.
[99] 张卫枚，方勤敏，刘婷. 城市工业生态效率评价——以湖南省为例[J]. 城市问题，2015，(3)：62-66.
[100] 刘晓萌，孟祥瑞，汪克亮. 城市工业生态效率测度与评价：安徽的实证[J]. 华东经济管理，2016，30(8)：29-34.
[101] 戴志敏，曾宇航，郭露. 华东地区工业生态效率面板数据研究——基于整合超效率DEA模型分析[J]. 软科学，2016，30(7)：35-39.
[102] 郭露，徐诗倩. 基于超效率DEA的工业生态效率——以中部六省2003—2013年数据为例[J]. 经济地理，2016，36(6)：116-121.

[103] 杨佳伟，王美强. 基于非期望中间产出网络 DEA 的中国省际生态效率评价研究[J]. 软科学，2017，31（2）：92-97.
[104] 张如波，任胜钢，蔡立燕. 长江三角洲城市群工业生态效率评价[J]. 商业研究，2017，（6）：163-169.
[105] 谷平华，刘志成. 基于物质流分析的区域工业生态效率评价——以湖南省为例[J]. 经济地理，2017，37（4）：141-148.
[106] 孙玉峰，郭全营. 基于能值分析法的矿区循环经济系统生态效率分析[J]. 生态学报，2014，34（3）：710-717.
[107] 卢福财，朱文兴. 鄱阳湖生态经济区工业生态效率研究——基于区域差异及其典型相关视角[J]. 华东经济管理，2013，27（12）：75-80.
[108] 毛建素，曾润，杜艳春，等. 中国工业行业的生态效率[J]. 环境科学，2010，31（11）：2788-2794.
[109] te Velde D W. The role of development finance institutions in tackling global challenges[R]. ODI Project Briefings，2011.
[110] 刘玫，付允. 循环经济标准化发展模式与标准体系框架研究[M]. 北京：中国标准出版社，2011：75.
[111] Zheng C L，Huang D D. The dynamics of VaRs with skew t distribution for A300 index in China[R]. 2011 WASE Global Conference on Science Engineering，2011.
[112] Japanese Government. 12 pieces of strategy to build a low carbon society[R]. 2008.
[113] 周杰，周宏大. 中国产业循环经济[M]. 北京：中国质检出版社，2013：52.
[114] Guenster N，Bauer R，Derwall J，et al. The economic value of corporate eco-efficiency[J]. European Financial Management，2011，17（4）：679-704.
[115] Ivanovic O D M，Golusin M T，Dodic S N，et al. Perspectives of sustainable development in countries of Southeastern Europe[J]. Renewable and Sustainable Energy Reviews，2009，（8）：2079-2087.
[116] 黄贤金. 循环经济：产业模式与政策体系[M]. 江苏：南京大学出版社，2011：87.
[117] Li X，Deng B，Ye H. The research based on the 3-R principle of agro-circular economy model—the Erhai Lake Basin as an example[J]. Energy Procedia，2011，5：1399-1404.
[118] Cao Y，Xu Q，Dong L. Technology design for controlling cultivation contamination in Erhai Basin based on the theory of recycling economy[J]. Energy Procedia，2011，5：2219-2223.
[119] Zaman A U. Measuring waste management performance using the 'Zero Waste Index'：the case of Adelaide，Australia[J]. Journal of Cleaner Production，2014，66：407-419.
[120] Tukker A. Product services for a resource-efficient and circular economy a review[J]. Journal of Cleaner Production，2015，97：76-91.
[121] United Nations Human Settlements Programme. Solid waste management in the world's cities：water and sanitation in the world's cities 2010[R]. Washington D C：Earthscan，2010.
[122] Couth R，Trois C. Sustainable waste management in Africa through CDM projects[J]. Waste Manage，2012，32（11）：2115-2125.
[123] 解振华. 扎实做好资源节约和环境保护工作 加快推进生态文明建设[J]. 中国经贸导刊，

2013,(16):4-10.
[124] 齐建国. 大力发展循环经济 促进碳循环和碳汇产业发展[J]. 再生资源与循环经济,2011,4(11):10-13.
[125] 孟赤兵. 建立中国特色的循环经济[J]. 中国科技投资,2008,(9):19-20.
[126] 孔令丞,谢家平,谢馥荟. 基于产业共生视角的循环经济区域合作模式[J]. 科技进步与对策,2010,27(5):40-43.
[127] 刘炜. 科学发展与循环经济模式构建[M]. 北京:中国经济出版社,2009:72.
[128] 赵静,杨佳鑫,邓惜潮. 基于 CiteSpace 的国内外循环经济研究主题变化及发展趋势分析[J]. 科技管理研究,2018,(17):266-274.
[129] 陈瑾瑜. 我国循环经济发展模式研究[J]. 商业时代,2010,(17):88,127.
[130] 高珊,黄贤金,赵荣钦,等. 基于主体功能区的循环经济发展模式研究[J]. 地域研究与开发,2011,30(1):15-18.
[131] 金涌,周禹成,胡山鹰. 低碳理念指导的煤化工产业发展探讨[J]. 化工学报,2012,63(1):3-8.
[132] 慈福义,孙黎娟,陈慧义. 区域循环经济发展模式与战略重点研究[J]. 商业研究,2010,(2):107-111.
[133] 徐玖平,卢毅. 循环经济系统科学理论与技术及实现[J]. 上海理工大学学报,2011,33(6):709-732.
[134] 王康. 中国省域循环经济评价研究[D]. 山西财经大学硕士学位论文,2013.
[135] 叶文虎,甘晖. 循环经济研究现状与展望[J]. 中国人口·资源与环境,2009,19(3):102-106.
[136] 段海燕,王宪恩,李鱼. 中日韩循环经济立法比较[J]. 环境保护,2011,(1):79-81.
[137] 李云燕,张彪. 中国重点行业发展循环经济的产业政策探析[J]. 中国发展,2013,13(2):18-22.
[138] 牛文元,金涌,冯之浚. 发展循环经济的六大抓手[J]. 中国经济周刊,2010,(Z1):42-44.
[139] 刘素姣. 当前我国循环经济发展存在的问题及对策研究[J]. 生态经济,2013,(9):101-105.
[140] 王军,刘西林,李娇. 基于循环经济的煤矸石产业废弃物税的确定[J]. 生产力研究,2011,(5):163-164,179.
[141] 肖华茂,彭剑. 区域循环经济发展的动力机制研究[J]. 统计与决策,2008,(13):130-131.
[142] 任勇,周国梅. 中国循环经济发展的模式与政策[M]. 北京:中国环境科学出版社,2009:28.
[143] 王国印. 论循环经济的本质与政策启示[J]. 中国软科学,2012,(1):26-38.
[144] 乔琦,白璐,李艳萍. 安全高效发展循环经济[J]. 环境保护,2013,(7):18-21.
[145] 程东波,霍佳震,徐红鸣. 基于循环经济的 EOL 产品闭环供应链及其博弈分析[J]. 上海管理科学,2017,39(2):54-58.
[146] 李金惠,曾现来,刘丽丽,等. 循环经济发展脉络[M]. 北京:中国环境出版社,2017:15.
[147] 林娅,孙文营. 深化自然资本理念与发展循环经济[J]. 中国人民大学学报,2008,(5):80-85.
[148] 楚爱丽. 循环经济与企业可持续发展[M]. 北京:北京师范大学出版社,2010:32.

[149] 彭静. 基于循环经济模式下的生态环境设计研究[M]. 长春：东北师范大学出版社，2017：62.
[150] 郗永勤，艾良友. 我国省域循环经济发展的综合评价、类型分析与路径探讨[J]. 中国行政管理，2015，（4）：107-112.
[151] 闫银，张俊勇. 循环经济下政府如何发挥职能[J]. 经济导刊，2011，（1）：44-45.
[152] 刘秋妹. 生态文明理念下的循环经济政策设计优化[J]. 商业时代，2013，（34）：8-9.
[153] 吴大华. 中国特色的循环经济发展研究[M]. 北京：科学出版社，2011：11.
[154] 郗永勤，周雄勇. 基于地方政府博弈视角的国家循环经济政策失灵研究[J]. 西北工业大学学报（社会科学版），2015，35（1）：42-46.
[155] 关云峰. 促进循环经济发展的税收政策研究[J]. 发展，2014，（10）：35-36.
[156] 黄继忠，赵丹丹. 政府主导的循环经济博弈模式探析[J]. 财会月刊，2018，（7）：17-22.
[157] 解振华. 发挥法治引领作用 推动循环经济发展[J]. 宏观经济管理，2014，（12）：4-7.
[158] 王腊银，罗福周. 循环经济产业集群中核心生态企业链合创新博弈分析及策略选择研究[J]. 浙江工商大学学报，2018，（3）：93-104.
[159] 董骁，冯肃伟. 论循环经济[M]. 上海：上海人民出版社，2009：58.
[160] 赵丹丹，黄继忠. 基于效用测度的循环经济主从博弈模式研究[J]. 工业技术经济，2018，37（4）：156-160.
[161] 李英姿. 循环经济本质研究的新视角[J]. 中共山西省委党校学报，2012，35（2）：50-52.
[162] 胡旺阳. 区域循环经济评价指标体系研究[D]. 东北大学博士学位论文，2010.
[163] Xu M，Zhang T. Material flows and economic growth in developing China[J]. Journal of Industrial Ecology，2007，（1）：121-140.
[164] Lu Z，Boste N. A facility location model for logistics systems including reverse flows：the case of remanufacturing activities[J]. Computers & Operations Research，2007，（2）：299-323.
[165] Andersen M S. An introductory note on the environmental economics of the circular economy[J]. Sustainability Science，2007，（1）：133-140.
[166] 雷明，钟书华. 国外生态工业园区评价研究述评[J]. 科研管理，2010，31（2）：178-184.
[167] 陈文晖，马胜杰，姚晓艳. 中国循环经济综合评价研究[M]. 北京：中国经济出版社，2009：20.
[168] 吴迪. 马克思生态经济思想视阈下的循环经济研究[D]. 首都师范大学博士学位论文，2013.
[169] 王浩. 基于域外立法经验的我国循环经济法制构建[J]. 求索，2012，（12）：241-243.
[170] 李岩. 日本循环经济研究[D]. 辽宁大学博士学位论文，2010.
[171] 李伟，白梅. 国外循环经济发展的典型模式及启示[J]. 经济纵横，2009，（4）：80-83.
[172] 冯之浚. 发展区域循环经济简论[J]. 再生资源与循环经济，2009，（1）：6-10.
[173] 吴宝华. 循环经济发展的影响因素研究[J]. 天津师范大学学报（社会科学版），2011，（3）：77-80.
[174] 李传国. 发展循环经济与加快政府职能转变[J]. 浙江金融，2006，（10）：63-64.
[175] 王崇梅. 以静脉产业为主导的日本生态工业园循环经济模式研究[J]. 科技进步与对策，2010，27（3）：12-14.

[176] 王晓东. 动脉产业与静脉产业互动合作关系研究[J]. 技术经济与管理研究，2012，(6)：92-95.
[177] 杨雪峰. 系统关联、产业融合与资源再生产业价值链重构[J]. 苏州大学学报（哲学社会科学版），2013，34（1）：106-113，192.
[178] 宗建新. 实现可持续发展的重要手段——环境无害化技术[J]. 天津科技，2002，(1)：18-20.
[179] 张爽. 装备制造业相关研究文献综述[J]. 现代商贸工业，2010，(16)：38-39.
[180] 刘清，吕航. 末端处理与清洁生产的比较评述[J]. 环境污染与防治，2000，(4)：34-35.
[181] 李聪波，刘飞，曹华军. 绿色制造运行模式及其实施方法[M]. 北京：科学出版社，2011：79.